KB070233

액티브 시니어를 위한

레크리에이션

이호선 · 조래훈 공저

학지사

머리말

　21세기 액티브 시니어는 시대의 선도자이자 건강한 나이 듦의 전형으로 시대의 모델이 되고 있다. 이들의 여가는 시간 소모가 아니라 창조적 도약이며, 이들의 레크리에이션은 삶의 기쁨과 만족감을 높이며 생의 행복감을 충족시키는 기쁨의 과정이고, 질병 예방을 넘어 더 좋은 노년을 위한 호흡이다. 이런 의미에서 창조적이고 활동적인 노년을 위한 적극적 활동은 예방과 창조성, 행복감을 아우르는 차원이어야 할 것이다. 이 책은 늙음과 질병 예방을 넘어 창조와 도전을 향해 가는 액티브 시니어들과 그들의 삶의 시공간을 위한 새로운 길잡이가 될 것이다.

　이 책은 총 2부로 구성되어 있다. 제1부는 액티브 시니어와 그들을 위한 레크리에이션을 담고 있다. 구체적으로 제1장에서는 액티브 시니어의 의미를 본격적으로 조명하며 액티브 시니어의 개념과 특징, 이들에게 성공적 노화의 의미, 놀이의 존재로서 액티브 시니어에 대한 이해를 담고 있다. 제2장에서는 액티브 시니어에 대한 신체와 정서 및 정신에 대한 이해를 담아 주관적 건강상태와 만성질환의 특징, 신체·인지·정서 기능을 조명했다. 제3장에서는 액티브 시니어를 위한 레크리에이션의 개념, 기능과 성격, 참여유형 및 전문화를 다루었다. 제4장에서는 레크리에이션과 치료레크리에이션 및 노인놀이치료를 통한 포괄적 레크리에이션을 살피며 레크리에이션이 갖는 신체기능과 심리 및 관계 회복을 위한 치유와 예방 기능을 다루었다.

　제2부에서는 노인 레크리에이션의 실제를 다루어 현장에 충분히 적용할 수 있도록 제시하였다. 제5장에서는 뇌 건강과 인지활동 촉진 프로그램으로, 박자와 손의 협응, 감정표현, 숫자 활용, 동화 활용, 통합적 활용 등 주로 손동작을 이용한 다

양한 프로그램을 제시하였다. 제6장은 관계 촉진 프로그램으로, 도구를 이용한 프로그램을 제시하였다. 구체적으로 안마, 손 협응, 상체, 접촉, 단체 활동, 스티커, 과자, 몸짓 등을 활용하여 관계를 증진시키는 프로그램이다. 제7장은 소근육 운동 프로그램으로, 호두, 성냥, 식빵, 젓가락, 고리, 딱지, 퍼즐, 젠가 등을 이용한 소근육 촉진을 통해 집중력과 인지 향상을 도모하는 프로그램을 제시하였다. 마지막으로 제8장은 행복감 촉진 프로그램으로, 스킨십, 긍정언어, 반복 언어 및 다양한 표현을 통해 행복감을 증진할 뿐 아니라 일상생활에 수월히 적용할 수 있고 응용이 가능하도록 제시하였다. 특히 제2부의 각 장에서 제시한 프로그램들은 유튜브를 통하여 동작을 보고 바로 습득할 수 있도록 구체적 동작을 담았고, 유튜브에서 '액티브 시니어를 위한 레크리에이션(https://www.youtube.com/channel/UC089nWVnrUOZeAuaA3s30-Q)'으로 검색 가능하다. 제5~8장의 프로그램은 유튜브 영상을 통해 학습하면 효과가 배가 될 것이다.

다이앤 애커먼(Diane Ackerman)의 말처럼 "놀이는 우리의 뇌가 가장 좋아하는 배움의 방식이다." 생동감과 활기 그리고 낙관에 대한 자연스러운 감각을 발견하는 과정은 삶의 지평을 넓히고 노년의 빛나는 감각에 감흥을 더하는 과정이 될 것이다. 레크리에이션은 액티브 시니어를 가장 활동적이게(active) 하고 가장 지혜롭게(senior) 만들 것이며, 동시에 액티브 시니어는 레크리에이션의 기능, 즉 다시금(re) 창조성을 불러오는(creation) 본연의 모습을 제대로 보여 주며 시대의 미래 역할을 수행하도록 도울 것이다.

이 책의 출간을 흔쾌히 허락해 주신 학지사 김진환 사장님께 감사드리며, 편집과 교정 등 출판 모든 부분에 도움을 주신 학지사 직원 여러분께 감사드린다. 더불어 레크리에이션의 실제를 위해 유튜브에서 시연을 보여 주셨던 레크리에이션 전문강사 서민기, 이대현, 이우람, 민대근 강사에게 머리 숙여 감사드린다. 그리고 이 고마운 모든 분의 노력을 통해 나온 이 책이 21세기 액티브 시니어들의 창조적 미래를 만들어 가는 데 기여하기를 기대한다.

저자 이호선 · 조래훈

차례

머리말 … 3

제1부   액티브 시니어와 레크리에이션

제1장   액티브 시니어   11

1. 액티브 시니어의 개념 _ 13
2. 액티브 시니어의 특징 _ 15
3. 액티브 시니어와 성공적 노화 _ 18
4. 액티브 시니어의 욕구와 놀이의 기능 _ 26

제2장   액티브 시니어의 변화와 적응   33

1. 주관적 건강상태와 만성질환 _ 35
2. 신체기능 _ 37
3. 노년기 인지기능 _ 41
4. 노년기 정서기능: 우울증상 _ 46

제3장 액티브 시니어를 위한 레크리에이션   **51**

　1. 레크리에이션의 개념 _ 53
　2. 레크리에이션의 기능과 성격 _ 56
　3. 레크리에이션의 참여유형 _ 58
　4. 레크리에이션의 전문화 _ 63

제4장 포괄적 레크리에이션: 레크리에이션,
　　　　 치료레크리에이션, 노인놀이치료   **67**

　1. 레크리에이션, 치료레크리에이션 그리고 노인놀이치료 _ 69
　2. 레크리에이션의 치유와 예방 기능 _ 71

제2부　노인 레크리에이션의 실제

제5장 뇌 건강과 인지활동 촉진 프로그램   **83**

　1. 삼박자 건강박수 프로그램 _ 85
　2. 손 부위별 건강박수 프로그램 _ 88
　3. 연상 단어 박수 프로그램 _ 91
　4. 손의 협응 박수 프로그램 _ 94
　5. 감정 표현을 돕는 박수 프로그램 _ 97
　6. 숫자를 활용한 박수 프로그램 _ 100

7. 동화를 활용한 단계별 박수 프로그램 _ 103
8. 시리즈 박수 프로그램 _ 106
9. 나라별 박수 프로그램 _ 109
10. 종합 박수 프로그램 _ 114

제6장 관계 촉진 프로그램   **119**

1. 안마를 활용한 관계 촉진 프로그램 _ 121
2. 손 협응을 활용한 관계 촉진 프로그램 _ 124
3. 상체를 활용한 관계 촉진 프로그램 _ 127
4. 접촉을 활용한 관계 촉진 프로그램 _ 130
5. 단체 관계 촉진 프로그램 _ 133
6. 신체활동을 통한 관계 촉진 프로그램 _ 136
7. 스티커 등을 활용한 관계 촉진 프로그램 _ 139
8. 풍선을 활용한 관계 촉진 프로그램 _ 142
9. 과자를 활용한 관계 촉진 프로그램 _ 145
10. 몸짓을 통한 관계 촉진 프로그램 _ 148

제7장 소근육 운동 프로그램   **153**

1. 호두를 이용한 손 협응 프로그램 _ 155
2. 성냥 쌓기를 통한 손 협응 프로그램 _ 158
3. 식빵을 활용한 두 손 협응 프로그램 _ 161
4. 젓가락을 활용한 손 협응 프로그램 _ 164
5. 색깔 판 뒤집기 협응 프로그램 _ 167
6. 고리걸기를 활용한 손 협응 프로그램 _ 170
7. 딱지를 활용한 손 협응 프로그램 _ 173

8. 눈과 손을 사용하는 협응 프로그램 _ 176

9. 퍼즐을 활용한 손 협응 프로그램 _ 179

10. 젠가를 활용한 손 협응 프로그램 _ 182

제8장　행복감 촉진 프로그램　187

1. 스킨십을 통한 행복 촉진 프로그램 _ 189

2. 단계별 행복감 촉진 프로그램 _ 192

3. 요일별 행복감 촉진 프로그램 _ 195

4. 긍정언어를 활용한 행복 촉진 프로그램 _ 198

5. 박수를 통한 행복 촉진 프로그램 _ 201

6. 손동작을 활용한 행복 촉진 프로그램 _ 204

7. '다'로 끝나는 '다'섯 가지 행복 언어 촉진 프로그램 _ 207

8. 반복 언어를 통한 행복감 촉진 프로그램 _ 210

9. 풍선을 활용한 행복감 촉진 프로그램 _ 213

10. 사랑표현을 통한 행복감 촉진 프로그램 _ 216

제1부

액티브 시니어와 레크리에이션

제1장 **액티브 시니어**

제2장 **액티브 시니어의 변화와 적응**

제3장 **액티브 시니어를 위한 레크리에이션**

제4장 **포괄적 레크리에이션: 레크리에이션, 치료레크리에이션, 노인놀이치료**

제1장
액티브 시니어

1. 액티브 시니어의 개념
2. 액티브 시니어의 특징
3. 액티브 시니어와 성공적 노화
4. 액티브 시니어의 욕구와 놀이의 기능

1. 액티브 시니어의 개념

윌리엄 새들러(William Sadler)는 중년 이후 발달심리의 새 장을 열며 생애주기를 퍼스트 에이지(first age), 세컨드 에이지(second age), 서드 에이지(third age), 포스 에 이지(forth age)의 4단계로 나누었다. 퍼스트 에이지는 아동·청소년기를 포함하는 성장기를 말하고, 세컨드 에이지는 청년기와 중년기로 생애 황금기이자 발전의 열매를 맺는 시기다. 서드 에이지는 40~70대 중후반까지의 시기로 생애주기상 가장 중요하고 긴 시기를 말한다. 첫 번째와 두 번째 시기와 달리 세 번째 인생기인 서드 에 이지는 인생에 대한 호기심과 흥미, 열정과 생산을 중심으로 생의 개척 시기이자 동시에 가능성의 시기로 제2의 황금기다. 마지막 네 번째 포스 에이지는 삶을 정리하고 마감하는 초고령 시기의 노화단계를 말한다. 윌리엄 새들러의 이야기는 2000년 대 중반을 통과하며 전 세계의 고령의 지표를 바꾸고 새로운 이름표를 높이며 사람들에게 고령사회와 초고령사회의 현재와 미래를 보여 주었다.[1]

이제 서드 에이지를 넘어, 중년 이후 신노년들을 지칭하는 뉴실버(new silver), 시니어 시티즌(senior citizen), 파워 시니어(power senior), 스마트 시니어(smart senior) 등의 호칭들이 속속 나타나고 있다. 우리나라에서는 '서드 에이지'라는 말이 지식의 장을 통해 두루 퍼지던 2000년대에 '노인'이라는 용어와 관련하여 '실버산업' '시니어' '어르신'이라는 말이 공식적으로 거론되었다. 먼저 '실버산업'이라는 말은 1980년대 중반 무렵 고령자를 위한 상품이나 해당 서비스를 아울러 불렀던 용어인데, 2006년 「고령친화산업 진흥법」에 따라 고령친화산업이라고 했으나 실버산업이라는 용어는 지금까지도 두 가지가 두루 쓰이고 있다.[2]

한편 '어르신'이라는 호칭은 존경과 사회적 어른의 이미지를 강하게 주며 한국 정서를 담고 오랜 문화적 공경이 녹아 있는 순 우리말이다. '어르신'은 '노인(老人)' 이 주는 늙음과 해묵은 이미지를 갈음하고자 사회적으로 통용하게 되었으나 그나마도 또 다른 노인의 의미를 벗어나지 못하였기에 최근 '노인'이라는 호칭은 이제 시니어나 어르신을 넘어 '신중년'이라고 재명명되기도 했다. 신중년은 대개 6075세대라 불리는 60~75세에 있는 사람들을 지칭하며 2015년 이후 새롭고 활동적인 노년의 이름으로 자리 잡아 왔다. 이호선(2019)이 설명하는 신중년의 특징은 다음과 같다.

> 더 많은 더 다양한 차원에서 첫 세대인 사람들이 바로 '신중년'이다. 이들의 선택은 역사 이래 없던 것이고, 이들의 경험도 전례 없던 일이다. 스스로도 낯설어하면서도 의연히 세월을 만들어 가는 사람들이다. 밀려가지 않고 만들어 가는 사람들이고, 선택받지 않고 선택하는 사람들이다. 끌려가지 않고 끌어가는 사람들이다.[3]

'신중년'이라는 말은 선점과 선도의 의미를 넘어 창조적 신화를 쓰고 있다. 이들은 2017년을 기점으로 폭발적인 스마트폰 사용자 및 유튜브 사용자로 소비시장을 흔들어 놓으며 '뉴실버' '액티브 스마트 실버'처럼 새롭고 혁식적인 의미를 가진 단어들로 대치되고 있다. 그중 가장 대표적인 단어가 '액티브 시니어(active senior)'라 할 만하다. 그렇다면 '신중년'과 '액티브 시니어'는 같은 그룹일까? 액티브 시니어에 대한 정의는 매우 다양하나 몇 가지를 소개하면 〈표 1-1〉과 같다.

표 1-1   액티브 시니어의 정의

연구자	정의
뉴가튼 (Neugarten, 1982)[4]	50~75세에 속하며 직장 경력과 경제력 및 왕성한 소비력을 지닌 세대
오코너 (O'Connor, 2001)[5]	자녀 양육에서 벗어나 더욱 활동적이고 적극적으로 사회에 관여하며, 새로운 소비 주체를 이루는 세대
송나윤(2011)	건강한 노후 준비가 끝나 경제적 여력이 충분하고, IT 기술 환경에도 익숙한 세대
박무성(2013. 1. 1.)[6]	1955년부터 1963년까지의 국내 베이비붐 세대로 가족 중심의 소비 패턴이 자기계발, 패션, 미용으로 변화한 세대
김지은(2016)[7]	경제적 여유를 갖춘 새로운 소비 계층으로 새롭게 떠오르는 세대

이호선(2020)[8]	은퇴 이후에도 소비생활과 여가생활을 즐기며 사회활동에 적극적으로 참여하고 세대 간 활발히 교류하며 활동적 노년을 살고자 하는 새로움에 도전하고 신매체에도 능숙한 노년세대를 말하는 포괄적 용어

2. 액티브 시니어의 특징

액티브 시니어는 노인발달심리학자였던 미국 시카고 대학교 심리학과 버니스 뉴가튼(Bernice Neugarten) 교수가 처음 제안하였다. 뉴가튼은 "오늘은 노인은 어제의 노인과 다르다."라며 시니어 중 건강하며 안정적인 경제력과 여유로운 시간을 바탕으로 하고 싶은 일을 스스로 찾아 도전하는 세대를 특정했다. 뉴가튼은 노년의 연령을 구분한 것으로 유명하다. 뉴가튼은 55~64세를 초령노인(young-old), 65~74세를 고령노인(old-old), 75세 이상을 초고령노인(oldest-old)으로 구분하며 이 중 은퇴 이후의 시니어들의 활동성을 언급하며 액티브 시니어를 언급했다.[9] 과거의 노인의 이미지와는 달리 건강을 지키며 활력과 에너지가 넘치고 자기 스스로에 대해 기꺼이 투자하기에 따라서 소비수준 역시 높다. 액티브 시니어를 좀 더 자세히 살펴보자.

액티브 시니어는 액티브 스마트 실버 세대들을 이루는 학술용어로, 뉴시니어(new senior)라고도 부른다. 이는 '자아' '향수(鄕愁)' '젊음'이라고 하는 세 가지 키워드를 중심으로 해석된다. 1960~1970년대에 청춘을 보내며 서구의 문화를 음악과 음식으로 경험한 첫 세대로, 1980년대 문화개방과 여행자유화로 평범한 사람들이 비자를 받은 첫 세대다. 소비와 문화는 습관으로 자리 잡고 풍요는 오랫동안 호흡했던 공기와 같아서 이 세대들은 나이를 먹어 가면서도 여전히 건강함을 유지하고 소비시장의 새로운 다크호스로 등장하며 소비를 견인하고 있다. 성장한 자녀들이 떠나 부부 중심의 삶을 영위하는 문화를 만들며 TONK(Two Only No Kids), 즉 자녀 출가 후 둘만 오붓이 살아가는 특별한 문화소비욕구세대가 바로 '뉴시니어'이고,

'액티브 시니어'다. 액티브 시니어는 은퇴 이후에도 소비생활과 여가생활을 즐기며 사회활동에 적극적으로 참여하고 세대 간 활발히 교류하며 활동적 노년을 살고자 하는 새로움에 도전하고 신매체에도 능숙한 노년세대를 말하는 포괄적 용어다.

액티브 시니어들의 트렌드 선도와 특별함은 이들에 대한 주요 연구주제와 그 결과를 통해 확인된다. 아웃도어의 주요 고객 연령층은 이미 안정적인 경제력을 갖춘 5060세대 이상으로 넘어간 지 오래다. 2015년에 발표한 삼성패션연구소 조사결과에 따르면, 스포츠/골프 웨어 시장 연령별 추이에서 60세 이상의 시니어 비중이 2009년 첫 조사 이후 가장 높은 26.8%까지 올라 전 연령층 중 가장 높은 비율을 기록하였다. 또한 55세 이상 시니어의 비중도 37.4%로 전체의 1/3 이상을 차지하고 있어 시니어층의 소비가 늘며 스포츠/골프 웨어 시장 주요한 고객층으로 부상하였다. 삼성경제연구소에 따르면, 액티브 시니어의 소비 규모가 2020년에는 약 125조 원에 달할 것이란 전망이다.[10] 기꺼이 선택하고 주저 없이 자기중심 소비를 실행하는 이 세대의 특징은 성장과 풍요 경험에서 얻은 교양의 수요 역시 키우고 있다.

액티브 시니어와 전통적인 시니어의 생활의식에 대한 차이를 비교한 〈표 1-2〉는 변화하는 세대의 중심용어로서 액티브 시니어의 특성을 한눈에 보여 준다.

표 1-2   시니어세대와 액티브 시니어세대의 차이점[11]

구분	시니어세대	액티브 시니어세대
성장기	산업화 이전인 1970년대 이전	산업화 이후인 1970년대 이후
세대특성	보수적, 동질적, 수동적	미래지향적, 다양성, 적극성, 미래지향
경제력	독립적 경제력 보유층 얇음	독립적 경제력 보유층 두터움
교육수준	저학력	고학력
노년의식	인생의 황혼기	새로운 인생의 시작, 자아실현의 기회
가치관	자신을 노년층으로 인식	연장된 중년, 나이와 젊음은 별개
소비관	검소가 미덕	합리적 소비
취미활동	취미 없음, 동 세대 간 교류	취미의 다양화, 다른 세대와의 활발한 교류

레저관	일 중심, 여가활용에 미숙	여가 자체의 가치목적
여행	단체여행, 효도여행	여유 있는 부부여행, 자유여행
금융경험	예금 위주의 금융상품	투자를 포함한 다양한 금융상품
재테크	고수익 고위험 상품에 대한 수요와 지식 부족	재테크에 높은 관심을 가지고 다양한 자산 포트폴리오 구성 수요
노후 준비	자녀 세대에 의지	스스로 노후 준비
독립성	약한 독립성, 종속적, 자녀에 의지, 대가족 지향	강한 독립성, 독립적, 배우자 및 사회 시스템에 의지, 핵가족 지향
보유자산	자녀에게 상속	자신의 노후를 위해 소비 처분
생활 유형	순 한국식 선호	타 문화와 적극 교류
평생교육	수혜적 교육	참여적/창출적 교육
이혼관	이혼 불가	이혼 가능, 졸혼
여성의 사회참여	수동적 참여	적극적 참여

전통적인 노인의 생활관이 보수적·수동적이며 제한적인 특징을 갖는 반면, 액티브 시니어는 합리적이고 미래지향적인 인생관을 추구하고 있다. 노년기에 대한 의식 역시 전통적 노년층이 노년기를 인생의 종말기로 이해하며 죽음과 연결시키는 것과는 달리, 액티브 시니어는 노년기를 자아실현의 기회의 시기로 보고 제3의 인생을 열어 갈 장으로 해석한다. 삶의 태도 역시 절약과 검소함, 소박함, 사치낭비 금지 등의 긴축적 태도를 보이는 전통적 노년층과는 달리, 액티브 시니어는 여유를 중시하고 소비에 부정적이지 않으며 다양한 취미를 소비하고 이에 따른 지출을 자연스럽게 여긴다.

전통적 노년층이 대가족을 지향하며 자녀들에게 주로 의지하며 낮은 독립성을 보이는 반면, 액티브 시니어는 TONK족처럼 부부만의 노년을 지향하며 강한 독립심을 바탕으로 자식보다는 사회 시스템에 의지하고자 한다. 이와 맥을 함께 하듯 노후 설계 역시 전통적 노년층이 자식의 봉양과 지원을 근간으로 노년을 계획하는 것과 달리, 액티브 시니어는 연금 등 자산에 대한 관리와 운영을 통해 계획적 노후 설계를 한다. 노인은 노인답게 살아야 한다는 전통적 노년들의 가치관은 액티브 시니어에게는 완전히 달라진다. 이들은 나이와 젊음은 별개라고 여기며 활동성의 기준을 연령 숫자에 두기보다는 활동의 정도로 판단한다.

놀이와 레저에 대해 전통적 노년이 생산이 가치를 중시하며 일의 재미와 중요성을 강조하며 여가는 부차적인 것으로 보았던 것과 달리, 액티브 시니어는 여가 자체에 가치를 두며 그 자체를 목적하는 것에 보다 의미를 둔다. 자산 처분에 있어 전통적 노년층이 자녀에게 대부분 상속이나 증여 방식을 택하는 반면, 액티브 시니어들은 자산을 전문적으로 관리하면서 동시에 자녀보다는 자신과 자신의 관심사에 자산을 투여한다. 여행 형태도 다르게 나타나는데, 전통적 노년들이 계모임, 친목 등의 목적으로 단체여행을 선호했다면 액티브 시니어들은 부부만의 여유 있는 여행을 선호하고 고가의 여행에 기꺼이 값을 지불하며 자기주도형 여행을 선호한다. 식사를 포함한 생활 유형에서는 전통적 노년층이 순 한국식을 선호하는 반면, 액티브 시니어는 낚시와 골프 등을 즐기며 타문화와 기꺼이 적극 교류하는 특징을 보인다.

3. 액티브 시니어와 성공적 노화

길어진 수명에 잘 늙고 잘 사는 법에 대한 관심이 폭증하면서 이에 대한 대표적인 단어가 성공적 노화(successful aging)일 것이다. 이는 잘 늙는 법(aging-well 혹은 well aging)으로 명명되며 21세기 노년들에게 새로운 숙제이자 인류의 새로운 해석 주제가 되었다. 성공적으로 잘 늙어 가고자 하는 데에는 노화하는 인간의 보편적 특성에 기인한다.

김종길(2006)은 노인의 심리적 특성 중 긍정적인 측면 여섯 가지를 제시하였다. 첫째, 노인은 자신의 재산이나 추억, 작품과 같은 자신의 가치와 흔적을 타인이나 손자에게 남기고 싶어 한다. 둘째, 노인은 연장자로서의 영향력을 행사하고 인정받고 싶은 경향을 드러낸다. 셋째, 노인은 자신의 물건에 정서적 몰입을 하며 애착 경향을 드러낸다. 넷째, 시간의 흐름에 의미를 부여한다. 다섯째, 풍부해진 정서적 감정으로 사소한 일에 더 잘 감동한다. 마지막으로, 사회로부터 인정보다 인생에 있어 자아성취감이나 자기만족감이 증가된다.[12] 노년에 경험하는 남기고, 인정받고, 몰입하고, 의미 부여하고, 감동하고, 만족해하는 노년기의 주요 특성은 놀이를 즐길 자격 혹은 성인으로서의 놀이에 대한 환경을 의미하기도 한다. 놀이가 재미와 몰입을 통한 무아지경 경험이며 동시에 이를 통한 예술 경험이고 자기발전 경험이기에 노년기 놀이는 성인으로서의 깊은 성숙의 연못에서 노를 젓는 것과 유사하다.

성공적으로 나이 드는 것, 성숙의 깊은 의미와 삶의 재미에 대한 연구들은 우리에게 잘 늙기 위해서 무엇이 필요한지, 그 가운데 놀이는 어떤 의미인지를 자세하게 설명한다. 먼저 '그냥 늙는' 보편적 노화와 '잘 늙는' 성공적 노화는 어떤 차이가 있을까?

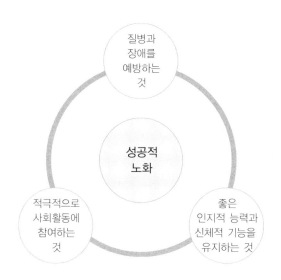

그림 1-1   로우와 칸의 성공적 노화

성공적 노화 개념은 삶의 질을 어떻게 하면 높일 수 있을까 하는 호기심에서 서구의 연구로부터 출발하였다. 대표적으로 로우와 칸(Rowe & Kahn)의 개념이 1987년에 『사이언스(Science)』라는 학회지에 소개되었고, 이후 우리나라에 2000년에 소개되어 적극적 노화와 활동에 대한 큰 관심을 불러 일으켰다. 로우와 칸은 보편적 노화와 성공적 노화를 대비하여 잘 설명하고 있다. 이들은 보편적 노화(usual aging)에 대하여 인간이라면 누구나 시간의 흐름에 따라 경험하는 비가역적 변화이자 기능적 저하를 경험하는 형태 변화로 보고 여기에 맞추어 살아가는 수동적 적응과정으로 보았다. 보편적 노화가 현재는 잘 기능하고 있지만 질병이나 장애에 노출될 위험이 큰 노인들이 선택하는 어쩔 수 없는 늙음 수용 의미라면, 성공적 노화는 건강하고 힘차고 활력 있게 늙어 가는 과정이라고 구분한다. 특히 로우와 칸이 주장하는 성공적 노화는 두 가지 측면에 집중한다. 첫째는 건강하고 행복한 노후를 보낼 수 있는 긍정적 변화들을 노인들 스스로 끌어낼 수 있다는 점, 둘째는 건강하고 행복한 노인들이 많아질수록 노인복지정책을 설계해야 하는 사회적 부담도 그만큼 줄어들 수 있다는 점이다. 보편적 노화 개념과 달리 성공적 노화는 노화 자체를 긍정적으로 보기 시작했다는 말이다.

로우와 칸(1999)은 미국의 유명한 대규모 연구인 맥아더 연구(MacArthur study)를 통하여 노화에 대한 기존의 부정적 시각에서 벗어나 노화를 긍정적으로 볼 수 있는 현상들이 무엇인지 찾고자 하였다. 그 결과, 성공적 노화는 세 가지 영역에서 기능유지능력이라고 보았다. 이들이 말하는 성공적 노화를 구성하는 세 가지 영역은, 첫째, 질병과 장애를 가질 위험이 적은 상태, 둘째, 높은 정신적 신체적 기능, 셋째, 생활에 활발히 참여하는 것이다. 로우와 칸에 따르면, 세 가지 구성 요소가 모두 충족될 때 성공적 노화의 개념은 가장 충실히 반영되며 이 세 요소는 위계적인 순서를 지니고 있다. 즉, 질병과 장애가 없으면 신체적·인지적 기능을 유지하기가 더 수월하고, 신체적·인지적 기능의 유지가 잘되면 적극적인 삶의 참여가 가능해진다.

하버드 대학교 신입생들이 노년의 나이에 이르도록 종단연구로 추적조사하였던 조지 베일런트(George Vaillant)의 연구는 65세 이상인 사람들의 정서적 건강이 어디에서 비롯되었는지를 잘 보여 주고 있다. 노년기를 살고 있는 사람들은 청년기의 현실적 사고방식과 사회적 신뢰감을 바탕으로 삶의 성숙과 노화에 대한 적응력을 보이는데, 이는 방어기제 방식으로 나타난다. 그에 따르면, 인간은 성장하면서 성숙한 방어기제, 미성숙한 방어기제, 병리적 방어기제를 갖게 되며 이를 평생에 걸처 사용하고 강화한다.[13] 이 방어기제 가운데는 투사, 수동공격, 분열, 행동화, 환상과 같이 나쁜 영향을 끼치는 것들도 있지만, 삶에 긍정적으로 작용하는 억제, 승화, 유머, 이타주의와 같은 성숙한 방어기제는 미덕의 주제가 되기도 한다.

그렇다면 '잘 늙어 간다' 혹은 '잘 늙고 있다'라는 사람들에게는 어떤 특성이 있는가? 이 연구는 75년 이상 진행되고 있고, 지금 그 연구는 베일런트가 이어 가고 있다. 이 엄청난 세월의 추적연구에는 총 814명이 연구에 기꺼이 참여하였고 크게 3개 집단으로 나누어 연구가 진행되고 있다. 이들은 당시 연구 후원자였던 그랜트(Grant)의 이름을 따서 '그랜트 연구'로 불렸다.

첫 번째 집단은 1920년대 출생하여 1930년대 말 2학년 재학 중인 268명의 건강한 하버드 대학교 졸업생으로 당시 매우 큰 사회적 혜택을 누리던 집단이다. 베일런트의 『행복의 비밀(Triumphs of Experience)』이 출간되던 해 참여자들은 대부분 80대였고 그중 상원의원을 지낸 사람이 4명이나 되었으며, 우리에게도 잘 알려진 존 F. 캐네디(John F. Kenndey) 대통령도 연구참여자 중 1명이었다.

두 번째 집단은 1930년대 출생한 빈민가 출신 고등학교 중퇴자 456명으로 사회적 혜택이 상대적으로 적었던 노동자 집단이다. 이들은 '이너시티 집단'으로 불렸는데, 이는 보스턴 중심가 빈민 아파트 거주자를 말한다. 이들은 처음 연구 시작 시점에는 포함되지 않았으나 이후 범죄연구를 진행했던 다른 연구팀으로부터 명단을 받고 참여자들에게 동의를 얻어 조사대상에 포함되었다.

세 번째 집단은 1910년대에 태어난 지적 능력이 탁월했던 중산층 여성 90명이다. 이들은 스탠퍼드 대학교에 터먼(Terman) 교수가 진행했던 천재 아동들에 대한 연구에서 명단을 넘겨받고 그중 동의를 하여 연구에 참여하게 된다. 이들은 IQ 140 이상의 여성집단으로, 성차별이 뚜렷하고 여성의 사회진출이 쉽지 않았던 시대를 살았던 집단이다. 이들이 나이 들어가며 어떻게 변화하는지를 추적조사했고, 이들은 '터먼 집단'으로 불렸다.

이 연구를 위해 2년마다 설문지로 조사하고, 5년 단위로 건강검진을 실시했으며, 15년마다 조사원들이 방문면담을 실시하였다. 인터뷰를 진행할 때에는 연구참여자들의 배우자와 자녀뿐 아니라 이웃이나 관계자들까지 포함하였다.

표 1-3 성공적 노화 과정을 위한 그랜트 연구[14]

구분	하버드 집단	이너시티 집단	터먼 집단
참여자 특징	하버드 법대생 중 1939~1942년 2학년 기준으로 평균 학점 C 이상, 건강검진, 심리검사 등 건강기록부 확인 후 참여 동의한 268명	소년원 수감 청소년들과 법적 문제가 없었던 14세 남학생 500명. 두 집단 모두 이너시티 내 학교 재학	스탠퍼드 천재아동 연구팀 협조로 캘리포니아 도시에서 IQ 140 이상 중 1% 여아 선정. 담임교수 추천과 스탠퍼드 지능검사를 통해 심사
부모의 사회계급	1~3급(1급 변호사, 의사/2급 중상류층)	3~5급(4급 숙련노동자/5급 비숙련노동자)	2~4급(3급 중류층)
50세 평균 연봉	10만 5천 달러	3만 5천 달러	3만 5천 달러
대학원 진학률	76%	2%	23%
실험 중 제외자	12명은 재학 중 제외. 조사 시작 후 50년간 8명 제외 나머지 248명은 실험 진행	44명 제외	모두 참여
실험방법	70년간 2년에 1회 설문조사, 5년에 1회씩 건강검진 기록부 제출, 15년에 1회씩 면담에 응대, 참여자 배우자와 자녀에게 3자 평가, 참여자 배우자와 자녀의 자기평가	2년마다 1회씩 설문조사(연구 중단에 따른 15년 제외), 5년에 1회씩 건강기록부 제출	80년간 실험, 5년에 1회씩 설문, 40~50년에 개별면담, 건강검진 기록 없음
표본집단의 특징	대부분 백인, 조부모가 미국 출생, 대부분 장남, 2% 왼손잡이	지능지수는 비행청소년과 비슷(평균 IQ 95), 4명 중 1명은 2년 이상의 유급	
데이터 기록방법	• 1942~1964년: 기록부에 수작업 • 1965~1975년: 천공카드 사용 • 1976~1990년: 자기녹음 테이프 • 1991~2000년: 노트북	1939년에 시작 후 1960~1962년 동안은 연구자금 부족으로 정지, 그 사이 44명의 표본 손실, 1975년 연구자금 재확보 후 47세까지 연락두절	

실험 시작 시 사회환경	• 33%: 연봉 1만 5천 달러 • 14%: 연봉 2천 5백 달러(당시 간호사 연봉 2천 달러) • 33%: 전문교육 이수 • 50% 이상: 대학교육 받지 못함		대부분 이탈리아·아일랜드·영국·캐나다 등 타국 태생의 부모, 거주지역 대부분 높은 범죄율, 50% 정도는 욕조나 샤워 시설이 없는 집(당시 욕조가 없는 집은 전국 기준 16% 정도), 50% 정도는 사회복지단체에 등록, 67% 이상이 원조로 생활
중년기 평가	대부분 부모보다 지위 상승, 경제적 성공도 꽤 거둠, 대기업 부장급 수준의 소득, 취미생활/정치 견해/생활은 대학교수 수준		삶이 하버드대생과 크게 다르지 않았을 것으로 추측
30세 미만 사망율	23%가 30세 이전 사망, 표본집단의 75세 이전 사망률은 동년 평균에 비해 절반 정도, 연구대상에 미포함된 하버드생들에 비해서도 30% 수준, 연구참여자는 2000년에 60%가 80세를 넘김, 일반 미국인들은 30%만 80세를 넘길 것으로 예상	37%가 30세 이전 사망	20%가 30세 이전 사망, 65년간 추적조사 기간 동안 사망률은 10% 미만, 80세 미만 사망률도 동년배 미국 백인 여성 평균의 절반 수준
집단 간 비교	이너시티 집단의 60~69세는 하버드 집단과 터먼 집단의 78~80세와 유사한 신체노화 수준을 보임		

참여자 대부분이 긴 세월 동안 조사에 적극적으로 참여했다. 조지 베일런트는 긴 세월의 추적연구를 통하여 나타난 결과를 다음과 같이 설명한다.

• 우리에게 일어났던 나쁜 일들이 우리 미래를 결정하는 것은 아니다. 행복한 노년은 우연히 만난 좋은 사람들 덕분에 보장되기도 한다.
• 인간관계의 회복은 감사하는 태도와 관대한 마음을 가지고 상대의 내면을 들

여다볼 때 이루어진다.

- 50세에 행복한 결혼생활을 하고 있다면, 80세에도 행복한 노년을 누릴 가능성이 크다. 그러나 50대 콜레스테롤 수치가 낮다고 반드시 8대에 건강하고 행복한 것은 아니다.
- 알코올 중독은 분명 실패한 노년으로 이어지며, 불행한 유년시절과는 상관이 없다. 알코올 중독은 사회적 지원을 가로막는 요인이 된다.
- 은퇴하고 나서도 즐겁고 창조적인 삶을 누려야 한다. 그리고 오래된 친구를 잃더라도 젊은 친구들을 사귀는 법을 배워야 한다. 그러면 수입을 늘리는 것보다 한층 더 즐겁게 살 수 있다.
- 객관적으로 신체 건강이 양호한 것보다 주관적으로 건강상태가 좋다고 느끼는 것이 성공적인 노화에 훨씬 더 중요한 요소가 된다. 즉, 스스로 자신이 환자라고 느끼지 않는 한, 아프더라도 남이 생각하는 것만큼 고통스럽지 않을 수 있다.

결국 베일런트가 제시한 가장 중요한 노년에 이르는 행복의 조건은 일곱 가지로 요약된다. 이 일곱 가지 중 5~6가지를 50대에 갖추고 있던 사람들은 80세에도 건강하고 행복했고, 세 가지 이하인 경우에는 80대에 건강과 행복을 누리는 사람이 한 사람도 없었다.

먼저, 가장 중요한 행복의 비결로 '성숙한 방어기제'라고 제안하는데, 곧 인생에서 맞닥뜨리는 고통에 성숙하게 대응하는 방식을 말한다. 성숙한 방어기제는 적응적 방어기제라고도 하는데, 이는 일상에서 불쾌한 상황에 직면하더라도 상황을 심각하게 몰아가지 않고 긍정적으로 전환할 수 있는 능력을 말한다. 반면 미성숙한 방어기제나 정신병적 방어기제, 신경증적 방어기제는 삶에 고통을 가져오고 결국 파국에 이르게도 한다. 이를테면, 투사, 정신분열, 행동화, 환상, 가학증이나 피학증, 편견, 범죄나 학대, 과음이나 무관심 등은 전 생애를 걸쳐 삶에 부정적인 영향을 미치는 것으로 나타났다.

둘째는 교육이다. 교육연수가 길수록 나이 들어서의 행복감은 크게 증가했다. 단

그림 1-2　베일런트의 성공적 노화 조건들

순히 사회적 지위나 지능이 높은 것보다는 자기관리와 인내심이 신체의 건강을 잘 유지하고 행복감을 높이는 데 영향을 미쳤는데, 교육은 어느 정도 미래를 예측하고 보다 섬세하게 세상과 자신을 바라보는 시각을 제공하기에 행복에 기여한다.

　셋째는 안정적인 결혼생활이다. 수십 년 동안 배우자와 함께 지내야 하므로 안정적인 결혼생활은 부부의 가치관이 어느 정도 일치한다는 것이고, 상호 타협점을 많이 가지고 있다는 것을 의미한다. 배우자에 대한 안정성과 만족도는 나이 들어 성공적으로 늙어 가는 중요한 요소였다.

　넷째는 금연이다. 여기서 금연은 중독을 의미한다. 중독은 쉽게 쾌락을 얻지만, 심할 경우 일상생활이 무너지고 신체와 정신을 피폐하게 만든다. 따라서 흡연뿐 아니라 물질 중독, 행위 중독 등 여러 중독에 빠지지 않거나 중독에서 벗어나는 것이 행복에 중요했다.

다섯째는 금주다. 알코올 역시 중독의 일환인데, 일상적인 음주 정도를 넘어서는 알코올 섭취는 행복에 큰 걸림돌이었다. 베일런트는 하버드 대학교 출신의 한 변호사의 예를 들며, 일과를 마친 금요일부터 월요일 새벽까지 술에 취해 지내던 변호사는 술에 빠져 월요일 지각과 결근이 잦았다. 이러한 삶이 반복되면서 월급 수준이 대단히 높았음에도 불구하고 행복감은 매우 낮게 나타났고, 자신의 알코올 의존에 대해 스스로에게 매우 실망하고 있었다고 설명한다. 지나친 알코올 섭취는 행복을 저해하고 노년기 성공적 노화를 방해한다.

여섯째는 운동이다. 대학시절의 규칙적 운동은 중년을 넘어 노년의 신체적 건강에도 매우 긍정적인 영향을 미쳤다. 연구에서 지나친 알코올 섭취 혹은 각종 중독에 빠진 경우 운동을 하지 않고, 이러한 과정은 악순환 구조를 갖게 되었다. 젊어서든 나이 들어서든 운동은 건강과 행복감에 반드시 기여한다.

일곱째는 알맞은 체중이다. 비만은 삶의 질을 떨어뜨리고 이는 외모에 대한 자신감을 떨어뜨리고 나이 들어가며 건강에도 부정적인 영향을 미친다. 연구에서 과체중이거나 비만인 사람들은 몸이 늘 무겁고 피로감을 호소했으며, 특히 통증을 자주 호소했는데, 통증에 대한 호소는 행복감과는 거리가 멀었다.

4. 액티브 시니어의 욕구와 놀이의 기능

대개 놀이는 아동의 전유물로 알려져 있다. 그리고 성인의 놀이는 '여가(餘暇)'라는 말로 아동의 '놀이'와 구분하였다. 이런 구분은 아동의 놀이와 성인의 놀이를 서로 다르게 보기 때문이다. 이를테면, 심리학자 프로이트(Freud)는 아동의 놀이는 자아가 분화되기 이전의 개방적이고 예측 불가능하며 변덕스러운 것이고 아동 시기일 때만 사회가 이를 용인하는 반면, 성인이 되면 이런 놀이에 대한 자기통제가 가능하며, 특히 성인은 문화화된 존재이기에 성인의 놀이는 아동의 놀이와 완전히 다른 주제라고 주장한다. 아동의 놀이와 성인의 놀이를 질적으로 다른 차원으로 구분하는 입장은 최근 '분리'보다는 '연결' 개념으로 설명되고 있다.[15]

특히 현대 시니어들의 욕구가 다차원적으로 확대되고, 여가만족과 생애만족을 추구하고자 활동적 노년을 구가하고자 하는 활동적 노화, 즉 액티브 에이징(active aging)이 강조되고 있다. 이는 현대 액티브 시니어들이 지닌 욕구의 다양성에도 기인한다.

액티브 시니어의 활동적 노화 욕구

1. 사회적으로 유익한 행동을 제공하여 유능함을 보이고 싶은 기여욕구
2. 자신이 지역사회의 가치 있는 한 일원으로 인정받고 싶은 소속과 인정 욕구
3. 여가시간을 만족스러운 방법으로 사용하려는 놀이욕구
4. 친구들과 함께 여가를 보내고 싶은 사회적 욕구
5. 자기표현과 성취감의 기회를 가지려는 성취욕구
6. 정상적인 동반자 관계를 즐기려는 애정욕구
7. 건강을 보호하고 유지하려는 안전욕구
8. 심리적인 혹은 정서적인 자극을 받아보려는 도전욕구
9. 가족관계과 원만한 관계를 가지고 싶어 하는 보호욕구
10. 종교적 신앙을 포함한 영적인 만족감을 얻으려는 초월적 욕구

실러(Schiller)에 의하면 이러한 인간의 미학적 의미의 놀고 싶은 욕구는 '놀이충동' 혹은 '유희충동'인데, 놀이를 통해 인간은 강요받지 않는 자유로움을 경험하게 된다. 세상의 각종 강제에서 벗어나 놀이 결과의 성패와 무관하게 자유를 누리면서 자신이 원하는 대로 자신을 만들어 내는 창조적 과정을 거치며 인간은 자신의 본성을 발견하게 된다. 이런 면에서 성인의 놀이는 어린아이의 성장 차원의 놀이를 넘어 삶의 철학과 아름다움을 빚어내는 본성을 보여 주는 과정이다. 미적 요소를 추구하면서도 자유를 목표로 질서정연하고도 창조적인 기쁨 구성체를 만들어 낸다는 것, 그것이 바로 성인의 놀이가 창조적 예술가의 본성을 드러내는 작업임을 증명해 준다.

놀이의 창조성과 더불어 교육적 의미에 대해서는 교육학자 존 듀이(John Dewey)

의 주장을 살펴보자. 듀이에 의하면 모든 놀이는 직접경험과 간접경험을 통해 교육적인 특성을 갖는다. 직접경험(direct experience)은 '체험'을 말하는 것으로, 자신이 어떤 상황에 직접 참여하고 모든 과정에서 생생하게 얻는 경험을 말한다. 이는 사물 혹은 상황과의 직접 대면을 함으로써 온몸과 감각을 통해 참여하는 살아 있는 경험을 의미하지만 시공간의 제약이 있다는 단점이 있다. 반면, 간접경험(indirect experience)은 기호, 언어, 문자 등의 상징적 매개를 통해서 사람과 상황이 연결되는 경험을 말하며, 주로 언어를 통해 이루어지기에 시간과 장소의 제약이 적고 그 범위를 확장할 수 있다.[16] 이런 직접경험과 간접경험은 '적극성'과 '능동성'을 중심으로 성장과 발달, 성숙을 촉진한다. 성인에게 놀이의 기능은 다음과 같다.

> **액티브 시니어에게 놀이의 기능**
>
> 1. 회복적 기능: 신체, 정신, 관계, 창조성의 회복
> 2. 창의성 발휘: 자발성, 변형 가능성의 증가
> 3. 공동체성 강화: 협업, 학습, 공동작업
> 4. 사회적 정서와 책임 재확인: 자율성, 절제, 책임의식, 조절력
> 5. 몸의 참여와 활동성 촉진: 사회성, 정서적 소속 확인, 유능감
> 6. 생활 적용과 재구성: 개인 콘텐츠 확장, 변형 재사용
> 7. 일상의 변혁과 리더십 표출: 관계 구축, 지도성 개발

첫째, 액티브 시니어의 놀이에는 회복적 기능이 있다. 놀이는 자체로 즐거운 과정이나 즐거움 이상으로 회복적 기능을 갖는다. 실용성과 생산성 중심의 중년을 살아 온 성인들에게 놀이는 억압된 삶에 해방구가 되며, 심리적 표현의 창구가 되는 치유의 공간이자 회복의 과정으로 기능한다. 특히 노인 시기 놀이를 통한 회복은 활동을 통한 신체적 회복, 참여를 통한 정서적 회복, 협업을 통한 관계 회복, 변형을 통한 창조성 회복을 포함한다.

둘째, 놀이는 활력을 불어 넣으며 수동적이거나 억압된 노인들에게 자발성과 변

형 가능성으로 창의성을 발휘할 공간을 제공한다. 성인들에게 제공되거나 성인들이 선택하는 놀이는 관계의 기술적 차원과 활동성과 협업 등의 과정을 통해 시작되지만 참여자에게 선택권이 주어지기에 자발성이 증가한다. 동시에 변형이 자유롭고 자신만의 방식으로 표현할 기회가 자유롭게 주어지기에 창조적인 능력을 발휘할 수 있게 된다. 인류발달과 문명의 주요 결과물들은 의지와 결심보다는 재미와 호기심에서 출발한 사례들이 많은데, 이는 놀이가 가진 창조성이 형성한 문화의 결과물로 나타난 것이다.

셋째, 성인의 놀이는 공동체성을 강화한다. 놀이는 독립성을 근간으로 하나 둘이상의 사람들의 놀이는 협업과 지속적인 접촉을 통해 유지된다. 인간은 타인과의협업을 통해 사회적 학습과 정서적 돌봄 및 배려를 나누게 되는데, 놀이를 통한 사회적 학습은 능률중심의 학습 결과보다는 관계중심의 학습을 제공하면서 공동체원으로서의 소속을 확인하고 정서적 적응력을 강화한다. 특히 나이가 들어가며 공동작업이나 협업의 기능의 적어지는 시점에서 놀이는 사회적 수요를 충족시키며, 공동작업자로서의 기쁨과 친구 영역을 확장하는 데도 기여한다.

넷째, 성인의 사회정서적 발달을 촉진한다. 놀이는 자율성과 절제, 책임의식 및조절력 등을 유지하고 학습하는 데 도움이 된다. 이 과정은 사회적 소속을 떠나 있는 사람들에게 사회적 경험을 재경험하게 하고 사회적 관계에서 했던 정서적 조절과 관계조율 감각을 유지·발전시킨다.

다섯째, 놀이는 성인에게 몸의 활동을 증가시키고 몸의 참여를 통해 소속의 구체성을 강화한다. 아동이 놀이를 통해 몸의 소속과 정서적 소속을 확인하듯이 성인의놀이과정 역시 소속을 구체화하고 해당 소속에 대한 충성도를 높인다. 몸의 참여가주는 현실적 소속감은 유능했던 시절의 감각을 되살리며 심리적 활력소로도 작용한다.

여섯째, 성인의 놀이는 실생활에서 반복 사용되고 재생산되는 경향이 있다. 즉,보고 듣고 참여했던 놀이를 일상으로 돌아와 다른 사람들에게 적용하거나 변형하여 자신의 새 관계 강화를 위한 콘텐츠로 재사용하기 쉽다. 놀이의 사회적 전달자역할이라고 할 수 있다.

마지막으로, 성인의 놀이는 상황을 변화시키고 리더십을 표현하는 기능을 한다. 성인에서 놀이는 관계에 활력을 불어넣어 분위기를 긍정적으로 전환하도록 하며 개인이 건강한 리더십을 발휘하는 매개가 될 수 있다.

미주

1) 윌리엄 새들러의 『서드 에이지, 마흔 이후 30년』과 『핫 에이지, 마흔 이후 30년』 시리즈는 노년의 삶과 정의의 지평을 새로이 보여 주었다. 노년에 대한 관심을 넘어 시대를 보여 주는 윌리엄 새들러의 글을 정독하기를 추천한다. Sadler, W. A. (2006). 서드 에이지, 마흔 이후 30년(*Third Age*). 김경숙 역. 서울: 사이. Sadler, W. A., & Krefft, J. H. (2008). 핫 에이지, 마흔 이후 30년(*Changing Course*). 김경숙 역. 서울: 사이.

2) 영미권에서 'elderly market' 혹은 'mature market'이라고 부르고 있는 이 'silver market'은 본래 'silver industry', 즉 은광산업이라는 뜻이었지만, 노인을 대상으로 하는 산업으로 이해되면서 우리나라에서는 여전히 '실버산업'이라는 표현이 사용되고 있다. 관련 내용은 권중돈의 책을 참고하라. 권중돈(2019). 노인복지론(7판). 서울: 학지사.

3) 이호선(2019). 늙음에 미치다. 경기: 북코리아. p. 79.

4) Robinson, P. K. (Ed.) (1982). Age or need? Public policies of older people. *The Gerontologist, 23*(5), 550-551.

5) O'Connor, A. (2001). Dr. Bernice L. Neugarten, 85, early authority on the elderly(Obituary). *The New York Times*, pp. A19(N)-B6(L).

6) 박무성(2013. 1. 1.) 액티브 시니어. 국제신문, 27면. http://www.kookje.co.kr/news2011/asp/newsbody.asp?code=1700&key=20131002.22027200642

7) 김지은(2016). 액티브 시니어 남성을 위한 아웃도어 웨어 개발. 이화여자대학교 대학원 박사학위논문. pp. 8-9.

8) 이호선(2020). 액티브 시니어: 나이 들어가며 잘 노는 법. 서울: 홍성사.

9) 뉴가튼의 연령 구분과 연령에 따른 특성은 다음의 책에서 자세히 볼 수 있다. 이호선(2012). 노인상담. 서울: 학지사.

10) 아웃도어 소비 증가는 액티브 시니어들의 활동성을 예측하게 하는 주요 지표가 될 수 있다. 액티브 시니어의 소비와 관련한 삼성패션 연구자료는 다음을 보라. 삼성디자인넷(2015). 2015년 복종별 전망 및 대응전략. http://www.samsungdesign.net/Market/MarketReport

11) 이호선(2020). 액티브 시니어: 나이 들수록 머리 좋아지는 법. 서울: 홍성사.

12) 김종길(2006). 고령화 사회에서의 지방정부의 노인교육활성화 방안에 관한 연구. 충남대

학교 대학원 박사학위논문.

13) 성공적 노화와 건강한 방어기제에 대한 베일런트의 주장은 다음의 책을 참고하라. Vaillant, G. E. (2002). 성공적 삶의 심리학(*Adaptation to Life*). 한성열 역. 서울: 나남.

14) Vaillant, G. E. (2010). 행복의 조건(*Aging Well*). 이덕남 역. 서울: 프런티어.

15) 프라이징어(Freysinger)는 성인이 '여가'라는 단어를 사용하여 아동의 놀이와 성인의 놀이를 질적으로 다른 것으로 분리시키는 것이라고 보고, 이에 대한 통합적이고 연결된 의미를 설명한다. 이에 관하여는 존 켈리(John Kelly) 등의 책을 보라. Kelly, J. R., & Freysinger, V. J. (2004). 여가사회학(*21st Century Leisure: Current Issues*). 이정환 외 공역. 서울: 그린.

16) 듀이의 경험주의적 교육이론에서 바라본 놀이에 대하여는 다음을 참고하라. 송도선 (2004). 존 듀이의 경험교육론. 서울: 문음사.

제2장

액티브 시니어의 변화와 적응

1. 주관적 건강상태과 만성질환

2. 신체기능

3. 노년기 인지기능

4. 노년기 정서기능: 우울증상

1. 주관적 건강상태와 만성질환

주관적 건강 평가는 인구 집단의 건강을 평가하는 지표로 광범위하게 사용되고 있다. 2017년 기준 65세 이상 노인이 스스로 평가하는 자신의 평소 건강상태의 분포를 보면, 매우 건강하다고 응답한 노인은 2.2%, 건강한 편이다 34.8%, 그저 그렇다 23.3%, 건강이 나쁜 편이다 34.9%, 건강이 매우 나쁘다 4.8%로 나타났다. 즉, 평소 자신의 건강상태가 좋은 것으로 평가하고 있는 노인의 비율은 37.0%이고, 건강이 나쁜 것으로 평가하는 노인은 39.7%로 주관적 건강상태를 부정적으로 평가하는 비율이 더 높은 수준이다.

표 2-1 **60세 이상 우리나라 노인의 주관적 건강상태(단위: %)**[1]

연도	매우 건강하다	건강한 편이다	그저 그렇다	건강이 나쁜 편이다	건강이 매우 나쁘다
2006년	2.8	17.8	34.9	34.9	9.6
2008년	2.9	26.6	14.9	43.2	12.4
2012년	3.5	18.1	34.3	34.8	9.2
2014년	3.0	20.9	34.2	34.4	7.5
2016년	3.4	22.0	36.9	31.1	6.5
2017년	2.2	34.8	23.3	34.9	4.8

2017년 기준 우리나라 60세 이상 남성 노인들의 건강만족률은 46.5%로 여성 노인의 30.1%에 비하여 매우 높다. 연령군별 건강만족률은 65~69세 연령군이 46.2%, 70~74세 연령군 37.4%, 75~79세 연령군 31.7%, 80~84세 연령군 26.6%, 85세 이상 연령군 29.7%다. 대체로 노화의 진전에 따라서 자신의 건강에 대한 만족도 또한 낮아지는 것으로 보인다. 결혼 상태별로는 유배우 노인의 건강만족도가 41.9%로 무배우 노인의 28.6%에 비하여 월등히 높은 수준을 보였다. 가구 형태별

건강만족도는 노인독거가구 28.3%, 노인부부가구 41.5%, 자녀동거가구 36.5%, 기타가구 37.5%로 노인부부가구가 가장 높고 노인독거가구가 가장 낮은 수준을 보인다. 또한 건강하다고 느끼는 노인일수록 경제활동 참여를 적극적으로 할 가능성이 높은데, 이는 경제활동 참여가 건강에 긍정적인 영향을 미치기 때문이기도 하다. 가구소득별로는 소득수준이 높을수록 건강만족률이 높게 나타났다.

만성질병은 객관적 건강상태 파악의 기준을 파악할 수 있는 기준으로 3개월 이상 지속적으로 앓고 의사의 진단을 받은 경우를 말한다. 2017년 기준 우리나라 노인의 89.5%가 만성질병을 가지고 있다고 응답하였고, 이 중 만성질병 1개를 지니고 있다는 노인이 16.5%, 만성질병 2개는 22.0%, 만성질병이 3개 이상은 51.0% 등으로 나타났다. 결과적으로 만성질병을 2개 이상 지니고 있는 복합이환자가 73.0%에 달하며, 전체 노인이 평균 2.7개의 만성질병을 가지고 있다. 연령별로는 연령이 높을수록 대체로 만성질환 유병률도 증가하여 65~69세 연령군이 84.3%로 가장 낮고, 80~84세 연령군은 95.5%로 가장 높게 나타났다. 복합만성질환 유병률은 65~69세 연령군 64.8%, 70~74세 연령군 71.8%, 75~79세 연령군 79.9%로 80세 미만 연령군 간에서는 큰 차이를 보이고, 75세 이상 고연령군 간은 서로 유사한 수준을 보였다. 3개월 이상 지속적으로 앓고 의사진단을 받은 만성질병 종류별 유병률을 보면, 고혈압 유병률이 59.0%로 가장 높고, 그다음은 골관절염 및 류머티즘 관절염(33.1%), 고지혈증(29.5%), 요통 및 좌골신경통(24.1%), 당뇨병(23.2%), 골다공증(13.0%) 등의 순으로 나타났다.

표 2-2 **65세 이상 노인의 성별 만성질병의 종류별 유병률(의사진단 기준) 및 현 치료율(단위: %)**

만성질병의 종류	전체		남자		여자		2014년도 유병률
	유병률	치료율	유병률	치료율	유병률	치료율	
고혈압	59.0	99.1	55.3	98.7	61.7	99.3	56.7
뇌졸중(중풍, 뇌경색)	7.1	97.9	8.6	97.6	5.9	98.3	6.9
고지혈증(이상지질혈증)	29.5	97.0	21.9	96.3	35.1	97.4	19.6

협심증, 심근경색증	7.0	97.9	8.2	97.4	6.1	98.3	6.8
기타 심장질환	6.6	98.4	5.6	98.3	7.4	98.4	6.4
당뇨병	23.2	97.7	22.7	97.4	23.6	97.9	22.6
갑상선 질환	3.3	89.3	1.0	97.6	4.9	88.1	3.3
골관절염 또는 류머티즘 관절염	33.1	84.5	17.1	83.5	45.0	84.8	33.4
골다공증	13.0	81.9	1.6	79.4	21.5	82.0	14.0
요통, 좌골신경통	24.1	80.1	15.6	77.7	30.5	81.0	21.1
만성기관지염, 폐기종 (만성폐쇄성질환)	1.5	93.6	2.2	93.8	1.0	93.2	1.7

2. 신체기능

　노인의 기능상태는 삶의 질뿐 아니라 일상과 가족관계, 사회활동 등에도 영향을 미쳐 사회정책적 이슈가 될 수 있다. 노년기 신체기능과 인지기능은 일상 유지와 삶의 질에 직접적 관계를 가진다. 세계보건기구(World Health Organization: WHO)는 활동적 노년(액티브 에이징, active aging)을 위해서도 신체기능과 인지기능은 매우 중요하다고 선언했다.

　한국보건사회연구원(2017)에 의하면 65세 이상 노인의 삶에 어려운 점 중 하나는 건강문제다. 우리나라에서 1개 이상의 만성질환을 가진 노인은 89.5% 이상이며, 2개 이상은 73%, 3개 이상은 51%였고, 만성질환을 가진 이들 중에서 절반은 일상생활에 제한을 받는다. 만성질환이 전혀 없는 비율은 10.5%에 그쳤다. 성별로 보면 2개 이상의 중복 만성질환을 가진 비율은 여자가 남자보다 15.4%p 높았다. 나이를 기준으로 보면 80세 이상 연령에서는 80% 이상이 2개 이상의 만성질환을 가진 것으로 나타났다.[3]

1) 시청각 기능

시력과 청력은 일상을 살아가는 데 매우 중요한 감각 기능이다. 노화가 진행되면서 시력이 저하되나 상당수는 돋보기나 안경 등의 보조기구를 활용하여 불편함을 덜 수 있다. 보건복지부와 한국보건사회연구원의 2017년 노인실태조사에 따르면, 우리나라 65세 이상 노인들은 일상생활에서 시력으로 인해 느끼는 불편함에 대하여 노인의 66.2%가 불편함을 느끼지 못하며, 31.0%는 불편한 편, 2.9%는 매우 불편하다고 응답하였다. 즉, 시력의 경우 불편함을 느끼는 비율은 33.9%다. 이러한 불편함을 느끼는 비율은 동부 노인보다는 읍·면부 노인이 높게 나타나며, 남성 노인에 비해서 여성 노인이 높고, 연령이 높을수록 불편함을 느끼는 비율이 높은 것으로 나타났다. 한편, 교육수준별로 비교해 보면, 학력이 낮을수록 시력의 불편함을 많이 느끼고 가구소득이 낮을수록 높게 느끼는 것으로 나타났다. 이는 시력보조기를 사용하는 비율이 높은 경우, 불편함을 느끼는 응답이 낮은 것으로 나타나기 때문이다. 그러나 노년기의 노안으로 인해 보이지 않는 불편함뿐 아니라 백내장이나 녹내장, 눈물흘림증, 비문증 등 노인성 안질환으로 인한 불편함이 나타날 수도 있다.

반면, 노화에 의한 청력 저하는 시력 저하보다 늦게 나타나나 타인과의 대화와 소통에 어려움을 주기에 관리가 필요하다. 보건복지부와 한국보건사회연구원의 2017년 노인실태조사에 따르면, 전체 노인 중 청력보조기를 사용하는 비율은 4.8%다. 지역별로는 읍·면부 노인의 비율이 동부 노인에 비해 다소 높으며, 연령군별로 비교해 보면 75세 이후 이용률이 높게 나타난다. 75~79세 연령군은 6.8%가 이용하는 반면, 80~84세 연령군은 7.2%, 85세 이상에서는 11.4%로 높아지는 것을 볼 수 있다. 청력에 불편함을 느끼는 비율이 약 17.8%임에도 불구하고, 청력보조기를 사용하는 비율은 4.8%로 낮게 나타나고 있어 청력 저하로 인한 어려움을 겪는 노인이 상당수 존재할 것으로 보인다.

2) 일상생활수행능력(ADL)과 수단적 일상생활수행능력(IADL)

일상생활수행능력(Activities of Daily Living: ADL)은 노인이 자립적 생활을 수행하는 데 필요한 능력들을 말하며, 수단적 일상생활수행능력(Instrumental Activities of Daily Living: IADL)은 일상생활수행능력(ADL)과 함께 노인이 자립적으로 생활을 유지하기 위해 필요한 기능상태를 말한다.

보건복지부와 한국보건사회연구원의 2017년 노인실태조사에 따르면, 우리나라 65세 이상 노인의 일상생활수행능력(ADL) 7개 항목 중 도움이 전혀 필요 없는 완전자립의 비율은 전체 노인의 91.3%로 나타났다. 1개 도움 필요는 4.5%, 2개는 1.3%, 3개 0.8%, 4개는 0.5%, 5개 0.4%, 6개 0.3%, 7개 모두 도움이 필요한 비율은 0.8%로 나타났다.

표 2-3 65세 이상 노인의 일상생활수행능력(ADL) 항목별 분포(단위: %)[4]

ADL 항목	완전 자립	부분 도움	완전 도움	2014년도 완전자립률
옷 입기(옷 꺼내기, 단추·지퍼·벨트 채우기)	96.8	2.5	0.7	97.4
세수, 양치질, 머리 감기	96.9	2.3	0.8	96.6
목욕 또는 샤워하기(욕조 드나들기, 때 밀기, 샤워)	93.1	5.4	1.5	94.2
차려 놓은 음식 먹기	98.5	1.1	0.5	99.1
누웠다 일어나 방 밖으로 나가기	98.8	0.7	0.5	98.7
화장실 출입과 대소변 후 닦고 옷 입기	98.0	1.3	0.7	98.2
대소변 조절하기	96.5	2.8	0.7	97.8

* 전체 응답자(대리응답자 포함) 10,299명을 대상으로 함

또한 수단적 일상생활수행능력(IADL)의 각 항목별 완전자립 비율을 살펴보면, 몸단장(95.2%), 집안일(84.1%), 식사 준비(86.5%), 빨래(86.5%), 약 챙겨 먹기(96.5%), 금전 관리(90.0%), 근거리 외출(94.4%), 물건 구매(94.4%), 전화 걸고 받기

40

(86.3%), 교통수단 이용하기(85.3%)로 나타났다. 수단적 일상생활수행 항목에서는 몸단장, 약 챙겨 먹기, 금전 관리, 근거리 외출, 물건 구매와 같이 비교적 힘이 덜 드는 일의 자립률은 높게 나타난 반면, 가사와 관련된 집안일, 빨래, 식사 준비와 같이 신체적 체력을 필요로 하는 일에서는 자립률이 85% 내외다.

표 2-4 65세 이상 노인의 수단적 일상생활수행능력(IADL) 항목별 분포(단위: %)[5]

IADL 항목	완전 자립	부분도움		완전 도움	2014년도 완전 자립률
		적은 부분도움	많은 부분도움		
몸단장(빗질, 화장, 면도, 손톱·발톱 깎기)	95.2	4.1		0.7	95.6
집안일(실내 청소, 설거지, 침구 정리, 집단 정리정돈 등)	84.1	13.5		2.4	90.5
식사 준비(음식 재료 준비, 요리, 상 차리기)	86.5	10.9		2.4	91.0
빨래(손이나 세탁기로 세탁 후 널어 말리기 포함)	86.5	10.9		2.6	92.0
제시간에 정해진 양의 약 챙겨 먹기	96.5	2.7		0.8	97.3
금전 관리(용돈, 통장 관리, 재산 관리)	90.0	5.0		5.0	88.6
근거리 외출하기(가까울 경우 걸어서)	94.4	5.0		0.6	95.1
물건 구매 결정, 돈 지불, 거스름돈 받기	94.4	3.2	1.4	0.9	94.6
전화 걸고 받기	86.3	11.4	1.4	0.8	92.6
교통수단 이용하기(대중교통, 개인 차)	85.3	9.9	4.3	0.6	91.0

* 전체 응답자(대리응답자 포함) 10,299명을 대상으로 함

3. 노년기 인지기능

인지능력은 사물을 분별하여 알 수 있는 능력을 의미하며, 그 능력을 유지하는 것은 기억력이나 집중력을 저하시킬 수 있는 여러 요인을 조절함으로써 정상적인 뇌의 기능을 유지하는 것으로 이해할 수 있다. 한편 인지기능이란 사고, 기억, 인지, 의사소통, 상황 이해, 문제 해결 등 지적인 일을 수행하는 능력을 말한다. 인지기능의 판단 요소는 노인의 과거와 현재 기능상태, 발병 요소, 자기관리 능력, 의식수준, 말과 사고의 흐름, 지각과 판단 내용 등이다.

나이가 들어감에 따라 인지기능의 변화가 오기 쉽다. 먼저 노화와 함께 뇌의 수축이 발생하면서 전두엽과 측두엽 내부 위축이 두드러진다. 이런 형태상의 변화와 더불어 대뇌피질의 콜린 아세틸트랜스페라제(choline acetyltransferase) 활동의 저하는 기억력 저하를 가져오는 것으로 알려져 있고, 알츠하이머병의 경우 피질의 콜린 아세틸트랜스페라제 활동성이 현저히 저하되어 있다. 노화와 함께 노르에피네프린(norepinehprine)의 분비가 감소하고 세로토닌(serotonin) 농도가 감소한다. 이러한 변화는 환경 영향과 더불어 노년기 인지장애에 영향을 미친다.

인지장애와 관련하여 그것이 나이에 따른 정상적 변화과정인지 혹은 병리적 상태인지를 감별하는 것이 중요하다. 또한 나이가 들어감에 따라 신경세포의 감소 등으로 인한 인지능력의 감소, 특히 집행기능 및 잘 사용되지 않는 인지 영역에서의 퇴화가 일어난다. 이러한 퇴화의 결과로 인지능력 저하가 나타날 수 있지만 다양한 콘텐츠의 지속적인 활용을 통해서 뇌 기능을 활성화시킨다면 인지능력의 저하를 지연시키거나 원래의 인지능력보다 향상시킬 수 있다.[6]

1) 기억력 장애

기억력 장애는 대개 정상적 노인성 기억장애가 많고 이를 양성 노인성 건망증이라 하는데, 이는 어떤 지나간 사건은 잘 기억하지만, 중요하지 않은 부분이나 세밀한 부분을 잘 기억하지 못하는 상태를 말한다. 이러한 기억장애는 젊은 층에서도 나타날 수 있으며 일시적이고 다른 상황에서는 기억이 잘 날 수도 있다. 특히 자발성, 유창성, 계획하기, 감시하기, 추상적 사고, 자동화된 반응 억제하기 등 여러 인지기능을 담당하고 있는 전두엽은 인간 두뇌발달에서 가장 나중에 발달하고 노인이 되면서 가장 먼저 그 기능이 퇴화하는 영역으로 신경학적 질환을 앓고 있지 않은 정상 노인도 전두엽 기능이 젊은이보다 저하되어 있다. 감각기억, 작업기억, 기억강화, 방해자극에 대한 민감성을 중심으로 노인들에게 나타나는 전반적인 특징은 다음과 같다.

- 감각기억(sensory memory) 저하: 순각적인 감각자극(100m/sec 이하)이 주어질 때 이를 처리하지 못하고 기억하지 못한다.
- 작업기억(working memory) 저하: 약 4~5개 정도의 자극은 젊은 사람과 같이 단기기억은 가능하나, 그 이상의 자극이 주어지면 기억 정도가 저하된다.
- 기억강화(consolidation) 저하: 노인은 단서(cue)와 기억전략을 잘 사용하지 않는 경향이 있고 비효과적 탐색전략을 사용하기 때문에 기억회생에는 장애가 있으나 인식에는 장애가 없다. 일단 한번 저장한 정보는 잘 유지된다.
- 방해자극에 대한 민감성(susceptibility to interference): 기억을 방해하는 자극이 동시에 주어질 때, 노인의 경우 기억력 저하가 두드러진다.[7]

노인의 인지기능은 앞서 살펴본 일상생활수행능력(ADL) 및 수단적 일상생활수행능력(IADL)과 함께 노인이 자립적 생활을 영위하기 위해 중요한 기능이며, 인지기능은 일상생활수행능력(ADL)과 수단적 일상생활수행능력(IADL) 기능에도 영향을 미치게 된다. 2017년 노인실태조사에서 연령별로는 65~69세 연령군의 인지저하자의 비율은 11.5%이며, 70~74세 연령군은 12.7%, 75~79세 연령군은 15.8%, 80~84세 연령군은 16.0%로 연령이 높아질수록 증가하며, 85세 이상에서는 27.4%로 크게 증가하였다. 가구 형태로 구분하면 노인독거가구는 13.0%가 인지기능 저하로 나타나며, 노인부부가구는 14.4%, 자녀동거가구는 16.7%로 자녀동거가구의 경우 인지기능 저하의 비율이 다소 높게 나타났다. 기능상태별로는 제한이 없는 노인의 경우 11.9%가 인지기능 저하가 나타나며, 제한이 있는 경우 22.9%는 인지기능 저하 상태다. 즉, 일상생활수행능력(ADL)과 수단적 일상생활수행능력(IADL) 제한자 중 22.9%는 인지기능 저하가 함께 나타나는 결과다.

2) 지능

혼과 카텔(Horn & Cattell, 1966)은 지능을 결정적 지능과 유동적 지능으로 분류하고, 개인의 문화적·교육적 경험에 따라 영향을 받는 지적인 능력을 결정적 지능(crystallized intelligence)이라 하였으며, 이는 40세까지 혹은 그 이후에도 발전 가능하다고 보았다. 한편 뇌손상이나 노화에 따라 감소되는 지적인 능력을 유동적 지능(fluid intelligence)으로 구분하고 14세까지 발달하고 22세 이후 급격하게 감소한다고 보았다. 정상적 노화과정에서 지능검사를 하면 언어지능은 저하되지 않으나 동작지능은 연령에 따른 감소 현상을 보인다.

치매환자의 경우 단기기억(즉각기억)은 저하될 수 있지만 질병이 발생하기 이전에 학습한 내용은 연상할 수 있다. 기억력 또한 학습, 보유, 정보회상 능력에서 기억 결손이 발생하는 경우 보인다. 다만 장기기억은 치매 후기까지도 비교적 온전하게 유지되나 증상이 진행됨에 따라 장기기억도 손상될 수 있다.

3) 경도인지장애

경도인지장애(Mild Cognitive Impairment: MCI)는 정상노화와 치매의 중간에 위치한 지적인 능력 단계로 인지기능이 정상범위를 벗어나 있으나 치매로 판단하기는 어려운 경계선 상태에서 일상생활을 유지할 수 있는 경우를 말한다. 알츠하이머병으로 이행되는 비율이 10~15%로 보고되고 있어 경도인지장애가 치매의 전단계로 여겨지고 있으나, 경도인지장애에서 정상상태로 돌아오는 경우도 보고되고 있어 정상노화 과정에서도 볼 수 있는 상태라는 주장도 제기되고 있다.[8] 전반적으로 기본적 인지기능 및 일상생활 능력은 큰 문제없이 유지되는 것으로 알려져 있다. 인지장애가 없는 경우부터 말기치매까지의 특징은 〈표 2-5〉에 제시한 전반적 퇴화척도(Global Deteriloration Scale: GDS)를 참고하라.

표 2-5 전반적 퇴화척도[9]

단계	특징
1. 인지장애 없음	임상적으로는 정상이며, 기억장애를 호소하지 않고, 면담에서도 기억장애가 나타나지 않음
2. 매우 경미한 인지장애	건망증기(phase of forgetfulness) 가장 흔하게 나타나는 양상은 다음과 같음 (1) 자주 쓰는 물건을 어디에 두었는지 기억이 나지 않음 (2) 전부터 잘 알고 있던 사람의 이름이 기억나지 않는다고 표현함. 면담상에서 기억장애의 객관적인 증거는 없고 직장이나 사회생활에 문제도 드러나지 않음. 피검사자는 이러한 자신의 증상에 적절한 관심을 보임
3. 경미한 인지장애	분명한 기억장애를 보이는 가장 초기 단계(earliest clear-cut clinical deficit) 숙련된 임상가의 자세한 면담에 의해서만 객관적인 기억장애가 관찰되는 단계로 집중력 자하가 두드러질 수 있음. 흔히 나타나는 양상은 다음과 같음 (1) 방금 소개받은 사람의 이름을 기억하기 어렵고, 책을 읽어도 전에 비하여 기억하는 내용이 적음 (2) 단어나 이름을 금방 떠올리지 못해서 가족이나 친구가 알아차리기도함 (3) 귀중품을 엉뚱한 곳에 두거나 잃어버릴 수 있으며, 처음 가는 낯선 곳에서는 길을 완전히 잃어버리기도 함
4. 중등도의 인지장애	혼동이 심해진 단계(late confusional phase) 주의 깊게 면담할 때 분명한 인지장애가 관찰됨. 주로 나타나는 증상은 다음과 같음 (1) 생활 중 최근 일들과 현재 벌어지는 세상사에 관한 지식이 감소함 (2) 자세한 면담에서는 과거 기억을 하지 못할 수도 있음 (3) 순차적 빼기에서 집중력 장애가 관찰됨 (4) 혼자서 여행하는 것과 금전 관리에 어려움을 보임 (5) 더 이상 복잡한 일을 효율적이고 정확하게 수행할 수 없음 (6) 자신의 문제를 부정하는 것이 흔하고, 감정이 둔화되고 도전적 상황을 회피하는 경향을 보임. 그러나 대개 다음의 영역에서는 장애가 없음

① 시간이나 사람에 대한 지남력
② 잘 아는 사람과 낯선 사람 구분하기
③ 익숙한 길 다니기

초기 치매단계(early dementia)

이 단계에서는 일부 다른 사람의 도움이 반드시 필요함. 주된 증상은 다음과
같음

(1) 자신의 현재 삶과 관련된 중요한 것들을 기억하지 못함(예: 집주소나 전화
번호, 손자와 같은 가까운 가족의 이름 또는 자신이 졸업한 고등학교나 대
학의 이름을 기억하지 못함)

**5. 초기치매의
인지장애**

(2) 특히 시간(날짜, 요일, 계절 등)이나 장소에 대해 일부 기억을 하지 못함

(3) 고등교육을 받은 사람이 40에서 4씩 또는 20에서 2씩 거꾸로 빼는 것을
하지 못하기도 함. 그러나 대개 다음 영역은 유지되고 있음

① 자신이나 타인에 관한 중요한 사실을 알고 있음
② 자신의 이름을 기억하며, 대개는 배우자와 자녀의 이름도 알고 있음
③ 화장실 사용이나 식사에 도움을 필요로 하지 않으나 시기에 적절한 옷
을 선택하지 못하고 간혹 옷 입는 방법을 잊기도 함

중기치매단계(middle phase of dementia)

가장 흔하게 나타나는 양상은 다음과 같음

(1) 종종 자신이 전적으로 의존하고 있는 배우자의 이름을 잊음

(2) 최근의 사건들이나 경험들을 거의 기억하지 못함

(3) 과거 기억은 일부 기억하나 매우 피상적임

**6. 중기치매의
인지장애**

(4) 일반적으로 주변 상황, 연도, 계절을 알지 못함

(5) '1부터 10까지' 혹은 거꾸로 '10부터 1까지' 세는 데 어려움이 있을 수 있음

(6) 일상생활수행능력(ADL)에 상당한 도움이 필요함(예: 대소변 실금)

(7) 외출 시 도움이 필요하지만 때때로 익숙한 곳에 혼자 가기도 함

(8) 낮과 밤의 리듬이 자주 깨짐

(9) 성격과 감정의 변화가 나타나고 기복이 심함

말기치매단계(late dementia)

흔히 나타나는 증상은 다음과 같음

(1) 모든 언어능력이 상실되어 말을 하지 못하고 웅얼거리는 정도임

**7. 말기치매의
인지장애**

(2) 요실금이 있고 화장실 사용과 식사에도 도움이 필요함

(3) 기본적인 정신운동능력을 상실함(예: 걷기 불가능)

(4) 뇌는 더 이상 신체에 적절한 전달을 하지 못하는 것처럼 보임

(5) 전반적인 피질성 또는 국소적 신경학적 징후나 증상들이 자주 나타남

④. 노년기 정서기능: 우울증상

나이가 들어가며 심리정신적 변화가 동반되기 쉽다. 건강이나 경제상의 불안정에 대한 걱정이 증가하고, 생활환경 적응의 어려움에서 오는 불안감과 불편감 증가에 따른 불평이 증가하는 경우도 있다. 그리고 흥미가 사라지면서 비활동적이 되고 사회성이 감소하기 쉽다. 동시에 보수적 특성이 강화되기도 한다. 에릭슨(Erikson)은 노인이 되면서 보이는 성격적 변화에 대해 내향성과 수동성, 조심성, 경직성, 우울증 경향, 과거에 대한 회상의 증가, 친숙한 사물에 대한 애착심, 의존성의 증가, 유산을 남기려는 경향 등을 말하였는데, 노인의 성격적 특징은 곧 심리적 변화에도 영향을 미친다.

노인이 심리적 특성에 대하여 캘빈(Calvin)은 경제적인 불안감, 생활 부적응에서 오는 불안감과 초조감, 정신적 흥미의 감퇴에서 오는 내폐성, 육체적인 쾌락 추구, 활동성의 감소, 성적 충동의 감퇴, 새로운 상황에 대한 학습이나 적응의 곤란, 고독감, 질투심, 보수성, 변명, 우둔, 과거에 대한 집착, 회고, 누추함 등을 제시하였다. 이러한 노인에 대한 특성 이해는 노인의 사회적 편견과 함께 노인들에게 심리적 압박감을 주기도 한다.

이런 면에서 우울증은 근심이나 흥미 상실, 식욕장애, 수면장애, 무기력, 죄책감, 슬픔과 같은 부정적인 감정이 주증상인 기분장애이며 자살의 주원인이 되고 있다. 특히 노년기 우울증은 노화에 따른 정상적 증상이라고 여겨 적절한 치료를 받지 않는 경향이 있는데, 세계보건기구(WHO)는 2020년에는 우울증이 심혈관 질환에 이어 기능장애와 조기사망을 초래하는 주요 질병이 될 것으로 예측하였다.

보건복지부와 한국보건사회연구원의 2017년 노인실태조사 결과에 따르면, 연령별 우울증상 비율을 보면 남성이 여성보다 우울감을 더 느꼈으며 연령이 높을수록 우울증상 비율이 증가하는 경향으로 나타났다. 65~69세 연령군은 15.1%, 70~74세 연령군 18.2%, 75~79세 연령군 23.6%, 80~84세 연령군 30.7%, 85세 이상 연령군은 33.1% 등으로 85세 이상 연령군 우울증상 비율은 65~69세 연령군의 두

배 이상 높은 수준이다. 배우자가 없는 경우에서 더 우울감을 보이며, 교육수준
별 우울증상 비율을 보면 저학력일수록 높은 경향을 띤다. 무학(글자 모름)의 경우
40.4%가 우울증상을 보이고 있는 반면, 전문대학 이상 졸업인 경우는 9.7%로 낮은
수준이다. 취업상태에 따라서는 미취업 노인의 25.4%가 우울증상을 보여 취업 노
인의 11.5% 보다 두 배 이상 높은 수준이다. 가구소득별로는 소득이 낮을수록 우
울증상 비율이 높은 경향을 보이며, 기능상태별로는 기능 제한이 있는 노인의 우울
증상 비율(40.8%)이 기능 제한이 없는 노인의 우울증상 비율(15.0%)에 비하여 두 배
이상 더 높은 수준이다.

표 2-6   **65세 이상 노인의 일반특성별 우울증상(단위: %)**[10]

구분		정상	우울증상
성	남성	82.8	17.2
	여성	76.0	24.0
연령	65~69세	84.9	15.1
	70~74세	81.8	18.2
	75~79세	76.4	23.6
	80~84세	69.3	30.7
	85세 이상	66.9	33.1
결혼 상태	배우자 있음	83.5	16.5
	배우자 없음	70.8	29.2

노인 우울증은 성인 우울증과 달리 증상을 부정하거나 신체화증상으로 나타나
진단이 어려운 경우가 많아 가면우울증(masked depression)이라고 불리기도 한다.
또한 치매증상과도 유사하여 '가성치매(pseudo dementia)'로 불리기도 하는데, 고혈
압, 뇌졸중, 혈관성 치매 등 심혈관계 질환 노인들에게서 좀 더 자주 발견된다.

중년 이후 길어진 시간을 어떻게 활용할 것인가는 여유시간이나 재생산의 수단
을 넘어 삶의 만족에 있어 더 없이 중요해진다. 은퇴 이후 의도했건 의도하지 않았

건 시간 속으로 던져진 시니어들에게 긴 여가시간은 풀어야 할 숙제이자 채워야 할 공간이 되었다. 길어진 여가가 충전과 쉼의 시간인 사람도 있으나, 경우에 따라 무료함을 견디기 어렵거나 정신적·정서적 고통으로 나타나는 경우도 있다. 여가의 활용은 100세시대에 중년 이후 안녕감을 높이고 삶의 질을 향상시키며 성공적 노후를 위한 통로가 되었다.

1) 통계청(2006, 2008, 2012, 2014, 2016, 2017). 사회조사보고서.

2) 보건복지부, 한국보건사회연구원(2018). 2017년 노인실태조사.

3) 이하 노년기 신체와 인지기능에 대한 실태자료는 2017년 노인실태조사의 결과다. 보건복지부, 한국보건사회연구원(2018). 2017년 노인실태조사.

4) 보건복지부, 한국보건사회연구원(2018). 2017년 노인실태조사.

5) 보건복지부, 한국보건사회연구원(2018). 2017년 노인실태조사.

6) 정태원, 하광수(2019). 노인 인지능력 향상을 위한 콘텐츠 사례 연구. 한국콘텐츠학회 종합학술대회 논문집. pp. 71-72.

7) 박명화, 김정선, 김효정, 박연환, 송준아, 양진향, 오희영, 윤숙례, 이지아, 임경춘, 홍귀령(2017). 노인간호학(4판). 서울: 정담미디어.

8) 박명화, 김정선, 김효정, 박연환, 송준아, 양진향, 오희영, 윤숙례, 이지아, 임경춘, 홍귀령(2017). 노인간호학(4판). 서울: 정담미디어. p. 328.

9) 대한노인정신의학회 편(2003). 한국형치매평가검사. p. 186.

10) 보건복지부, 한국보건사회연구원(2018). 2017년 노인실태조사.

제3장

액티브 시니어를 위한 레크리에이션

1. 레크리에이션의 개념
2. 레크리에이션의 기능과 성격
3. 레크리에이션의 참여유형
4. 레크리에이션의 전문화

1. 레크리에이션의 개념

레크리에이션(recreation)이란 말은 라틴어 recreant, 즉 '새롭게 만든다'로 피로회복과 기분전환을 위한 과정을 의미하나, 레크리에이션은 다양한 장면에서 다양한 의미로 사용되었다. 1390년 영어권에서는 '식사를 같이하는 것'이라는 의미로 사용되었고, 1657년 체코의 철학자이자 교육자인 요한 코메니우스(Johann Comenius)는 레크리에이션을 수업과 수업 사이 휴식시간으로 보기도 하였다.[1] 이후 레크리에이션은 전문 영역으로서 다양하게 정의되었다. 대표적인 연구자별 레크리에이션의 정의는 〈표 3-1〉과 같다.

표 3-1　연구자별 레크리에이션 정의

연구자	정의	주요 단어
코메니우스 (1657)	수업과 수업 사이 휴식시간	휴식
크라우스 (Kraus, 1990)[2]	사람의 여가시간에 즐거움을 찾기 위해 다양하게 행해지는 것이 레크리에이션이며, 삶의 질을 향상시키고 사회적으로 명예를 추구하는 활동	즐거움, 삶의 질, 명예, 활동
김오중(1995)[3]	창조적이고 건설적인 여가 활동으로 자발적인 선택과 참여로 이루어지며 사회문화적인 만족을 얻을 수 있는 것	여가, 사회문화적 만족, 활동
조택구 외 (2003)[4]	다음 수업시간을 위해 활력을 준비하는 시간으로 여기고, 단순히 여유가 있는 공백시간이 아니라 수업에서 오는 피로를 회복하는 시간	수업, 피로회복, 휴식
김기설(2012)[5]	다양한 활동을 통하여 즐거움을 느끼고 함께 웃으며 기분전환을 하기 위한 시간으로, 수동적이기보다는 능동적 활동이 이루어질 수 있게 만드는 것이며 참여자들에게 즐거움과 행복감 및 만족을 느끼는 활동	즐거움, 기분전환, 능동적 활동
이호선, 조래훈 (2020)	신체와 매체를 이용한 다양한 활동을 통해 즐거움과 유쾌함을 느끼고 기분전환을 경험하며 신체·정서·사회·관계의 긍정적 변화와 행복감을 추구하는 능동적 활동	신체/매체 활용, 유쾌함, 기분전환, 변화, 능동적 활동

〈표 3-1〉에서 보듯이 레크리에이션의 정의는 단순한 휴식 차원에서 즐거움과 만족을 향해 가는 능동적 활동으로 보다 포괄적이며 참여적인 방향으로 이동하고 있다. 이 책에서 레크리에이션의 정의는 다음과 같다. 레크리에이션이란 신체와 매체를 이용한 다양한 활동을 통해 즐거움과 유쾌함을 느끼고 기분전환을 경험하며 신체·정서·사회·관계의 긍정적 변화와 행복감을 추구하는 능동적 활동을 말한다.

'놀이'라는 개념은 레크리에이션을 포함하는 보다 포괄적인 개념이며, 놀이는 레저(leisure), 레크리에이션(recreation), 플레이(play)로 나눈다. 레저라면 일하지 않는 시간, 자신이 좋아하는 것을 하는 시간 혹은 여가로서 자유로운 시간이라 할 것이고, 레크리에이션은 율동을 하거나 손뼉 치며 노래 부르고, 춤추고, 게임 등의 활동을 떠올리고, 플레이는 아동이 놀이 활동이나 어울려 노는 행위이라 생각할 것이다.[6]

먼저, 레저는 그 어원이 라틴어 licere와 그리스어 scola에서 유래되었다. licere는 '허락하다' 또는 '자유롭게 되다'라는 뜻으로 외부 압박이 없는 자유로운 선택과 충동을 의미하고 scola는 학자들이 모여 토론을 벌이는 장소로 어떤 의무로부터 해방되어 아무런 구속이 없는 상태를 말한다. '스콜레(schole)'가 학교(school)와 학자(scholar)의 어원이라는 점에서 레저는 자유와 학습이라는 두 가지 개념이 상호 밀접하게 연관되어 있음을 알 수 있다.

반면, 레크리에이션은 '새롭게 하다' 혹은 '회복하다'의 의미를 가진 라틴어인 recreatio에서 유래되었다. 즉, 회복을 위한 선택적 활동이자 재창조를 위한 휴식활동을 말한다. 레크리에이션은 그 자체 외에 어떤 보상을 기대하거나 직접적인 필요에 의해 강제되지 않고 자유롭고 유쾌하며 활동 그 자체가 직접적인 매력을 가진 개인적 혹은 집단적 여가 활동이다.[7] 다음은 전재국(2003)이 제시한 레크리에이션의 여섯 가지 특징이다.[8]

> **레크리에이션의 여섯 가지 특징**
>
> 1. 단순한 게으름이나 완전한 휴식이 아닌 활동(신체적·지적·사회적·정서적)이다.
> 2. 스포츠, 게임, 공작, 행위 예술, 예술, 음악, 드라마, 여행, 취미 그리고 사회적 활동과 같은 매우 광범위한 영역의 활동들을 포함하고 있다.
> 3. 활동을 선택하고 참여하는 것은 외부의 압력, 강요 또는 의무가 아닌 완전히 자발적이다.
> 4. '숨겨진 목적'이나 다른 외적인 목표와 보상이 아닌 내적 동기와 개인적 만족을 얻기 위한 기대에 의해 이루어진다.
> 5. 전적으로 마음 상태나 태도에 의해 좌우된다. 그것을 하는 이유가 있어서가 아니라 그 활동을 하면서 가지는 개인적 느낌 때문이다.
> 6. 잠재적으로 기대하는 성과가 있다. 참여하는 우선적 동기는 개인적인 즐거움이지만 지적·신체적·사회적 성장을 얻게 된다.

레크리에이션의 여섯 가지 특징을 볼 때, 활동성, 포괄성, 자발성, 내적동기, 참여자의 태도, 성장이라는 항목들을 포괄하며, 개인적 만족감을 높이고 동시에 사회적 가치로 이어진다.

한편, 플레이는 다른 기원과 내용을 갖는다. 플레이는 앵글로-색슨 언어인 plega와 라틴어 plaga에서 유래되었다. 이때 plega는 게임 혹은 스포츠를 뜻하고 사소한 논쟁이나 싸움 또는 전쟁을 지칭하는 말이기도 하다. 라틴어 plaga는 '불다' '치다' '밀다' 또는 '찌르다'를 뜻하며, 도구를 치고 때리거나 공을 차면서 즐기는 놀이를 의미한다. 이 두 기원을 통해 볼 때, 플레이는 그 자체를 위한 육체와 정신의 연합 행동이며 행동 자체가 주는 즐거움을 각 행위자에게 제공한다. 교육학자 존 듀이 역시 놀이는 놀이인 것이지 그 이상의 어떤 결과를 위해 의식적으로 가지는 활동이 아니라고 하였다. 그는 놀이는 우리가 하고 싶어서 하는 것, 자기 자신을 위한 자기표현이라도 하였다.

2. 레크리에이션의 기능과 성격

레크리에이션의 기능은 대개 사회적 기능과 개인적 기능으로 분류된다. 현대의 소외된 인간관계의 연결과 사회적 역할과 적응을 촉진하는 측면은 사회적 기능이며, 휴식이나 기분전환, 재창조, 신체 및 정서회복은 개인적 기능이라 할 수 있다. 내쉬(Nash, 1960)[9]는 레크리에이션의 사회적 기능을 조금 더 세분하였다. 첫째, 경제적 기능, 정치적 기능, 전체 사회에 대한 기능, 둘째, 인간존재 근본을 숙고하게 하는 기능, 셋째, 원기회복을 통해 내면을 발산하고 사회참여를 위해 준비하는 기능, 넷째, 레크리에이션에 참여하는 것이 곧 즐거움이 되는 기능, 다섯째, 사회인으로서 역할을 돕는 교육적 기능, 여섯째, 소속감과 연대감을 갖도록 계층을 묶어 내는 기능 등으로 나누었다. 한편, 권이종(1991)[10]은 레크리에이션의 사회적 기능을 사회학습의 기능, 사회통합적 기능, 사회문제 해결기능, 재생산의 기능, 문화적 기능으로 구분하고 있다.

반면, 레크리에이션의 개인적 기능은 개인의 발달과 성장을 도모하며, 정서적·신체적·정신적인 긍정적 변화를 촉진한다. 레크리에이션 프로그램 훈련을 받은 집단이 그렇지 않은 집단보다 자아존중감이 상승했다는 연구결과[11]는 레크리에이션이 가지는 개인 영향을 설명한다. 김윤숙과 이근모(1998)[12]는 레크리에이션의 기능을 긴장완화, 기분전환, 자아형성, 태도 및 성격 형성을 꼽았고, 이종갑과 이재갑(1999)[13]은 레크리에이션의 목표를 여섯 가지로 설명하였다. 스토코우스키(Stokowski, 2000)[14]는 경제적·문화적·사회적 측면에서의 기능을, 김은자 등(2013)[15]은 자아실현에서 경제적 파급 효과까지 아우르는 기능에 대해 설명하였다.

표 3-2	연구자별 레크리에이션의 기능과 목표
연구자	기능과 목표
김윤숙, 이근모 (1998)	• 긴장완화: 일상생활 속에서 정신적 · 육체적 긴장감을 완화하고 활력소를 제공하는 것 • 기분전환: 일상에서 벗어나 이색적인 정신적 · 신체적 경험을 하는 것 • 자아형성: 반복적인 사고와 행동에서 해방되어 개인적인 욕구(생리적 욕구, 안전욕구, 애정욕구, 자기실현의 욕구)를 충족시키는 것 • 태도 및 성격 형성: 인간 접촉의 기회를 가짐으로써 외향적 · 능동적 · 활동적 성격으로 변화하는 것
이종갑, 이재갑 (1999)	• 자아능력을 최대한 발휘 • 민주적 인간관계 형성 • 건전하고 건설적인 방식으로 여가선용법 제공 • 건강과 체력 증진 • 천연 자원의 보존 • 창조적 표현과 미적 감각 발휘
스토코우스키 (2000)	• 일자리 제공 기반시설 개선 등 경제적 효과 • 역사적 · 문화적 가치와 경관 보전 • 사회적 결속력 강화 • 정치적으로 관리 주체들의 파트너십 구축 • 환경 문제에 대한 관심
김은자 외 (2013)	• 자아실현 • 사회적 관계 개선 • 심신단련과 휴식 • 환경 개선 및 보전 • 경제적 파급 효과

　　레크리에이션의 기능이 개인과 사회적 측면을 아우르고, 그 정의가 단순 휴식에서 보다 창조적이고 능동적인 과정으로 이동해 가듯이, 레크리에이션이 가진 차원은 활동의 정지가 아니라 의미 있는 활동과 참여자의 자기표현, 자발적 동기, 여가로서의 의미를 포괄한다. 메이어, 브라히트빌과 세솜스(Meyer, Brighightbill, & Sessoms, 1969)[16]는 레크리에이션의 기본 성격을 다음과 같이 설명한다.

레크리에이션의 기본 성격

1. 활동성
2. 다양성
3. 동기화
4. 비의무감

5. 자발성
6. 보편성
7. 유쾌함
8. 유연성

메이어 등(1960)은 레크리에이션의 기본 성격의 첫째로 활동성을 꼽는다. 즉, 신체적이건 정신적이건 그 활동의 방식과 무관하게 레크리에이션은 활동성을 갖는다. 둘째, 레크리에이션의 다양성이다. 놀이의 방식과 여가의 방식은 사람마다 문화마다 다양하며 지속적으로 변화 가능하다. 셋째, 레크리에이션은 반드시 개개인의 동기로 결정이 되며, 행위자의 의지와 선택에는 분명한 동기가 있다. 넷째, 레크리에이션은 의무가 아니라 선택이기에 의무감 없이 발생한다. 생계 유지의 목적이나 필수 항목이 아니기에 근무시간 외에 발생한다. 다섯째, 레크리에이션은 자발성에 근거한다. 강요가 아닌 자발적 활동이기에 자유롭게 참여하고, 마찬가지로 자유롭게 탈퇴하거나 정지할 수 있다. 여섯째, 레크리에이션은 일반적이고 보편적으로 실시된다. 즐거움과 쉼을 찾는 인간의 공통적이고 보편적인 정서에 기인하기에 대부분의 대상과 장소에서 실시할 수 있다. 일곱째, 레크리에이션은 기쁨과 즐거움을 추구한다. 즐거움은 외부에서 발생하고 기쁨은 내부에서 경험하는 감정이기에 레크리에이션은 표현과 감정에서 행복감을 추구한다. 여덟째, 레크리에이션은 유연성을 갖는다. 개인과 집단 모두에 활용 가능하고 환경과 조건에 따라 변화 적용이 가능하기에 레크리에이션은 융통성과 적응성을 포괄한다.

3. 레크리에이션의 참여유형

사회의 변화는 여가활용과 레크리에이션의 양상에도 영향을 미친다. 특히 현대

사회에서는 여가 활동 성향이 다양화되고 수동적 여가방식에서 능동적 여가방식으로, 시간 메우기에서 건강 증진과 행복감 추구로, 단순 휴식에서 치료적 개념으로까지 그 개념이 정교화되었다. 이에 따라 레크리에이션의 내용도 변화를 경험하게 되었다.

〈표 3-3〉~〈표 3-7〉의 분류는 1960년대부터 2000년대까지 여가 레크리에이션 내용 변천사를 이종환(1994)의 선행연구를 기초로 정현아(2019)[17]가 재구성한 것이다.

표 3-3   1960년대 레크리에이션 참여유형

학자	참여유형
네쉬(1960)	사회적 · 개인적 가치 있는 활동, 운동 및 등산 등 적극적인 활동, 분류 활동 및 창작 활동, 창조 관람 및 감상 활동, 도박 및 중독성 약물 등 사회파괴적 활동
메이어 외(1969)	미술, 연극, 문학적 활동, 음악, 사회적 활동, 스포츠 및 게임, 수예, 공작, 댄스, 자연 탐구와 야외 활동

표 3-4   1970년대 레크리에이션 참여유형

학자	참여유형

코빈
(Corbin, 1970)
	• 레크리에이션 실내 활동
	  - 성인 레크리에이션, 기업 내 레크리에이션, 야외 활동, 연극적 활동, 사교적 활동, 수공예, 음악, 이야기, 레크리에이션 요법, 완구 유희
	• 레크리에이션 실외 활동
	  - 게임, 수영, 카누, 요트, 캠프, 보트, 야외 활동, 자연 탐구, 하이킹과 여행, 소풍

일본레크리에이션 협회(1971)	자연 탐구, 수집, 유희, 무용, 게임, 스포츠, 야외 활동, 자기계발 활동, 음악적 활동, 연극적 활동, 사교적 활동, 미술공예, 수예 공장

찰리(Szali, 1972)	• 준여가
	  - 종교 활동, 조직 활동, 신체회복 활동, 학습
	• 수동적 여가
	  - 음악 감상, 영화 감상, TV 시청, 신문 읽기, 독서
	• 완전 여가
	  - 사교 활동과 스포츠, 관람, 오락, 능동적 여가 및 휴양

틸먼(Tillman, 1973)	문화 활동, 스포츠, 사교 활동 및 특별 행사 게임
레이놀드, 호르마키아 (Reynold & Hormachea, 1976)	음악과 리듬, 댄스, 미술, 공작, 공예, 연극, 자연 탐구 및 야외 활동, 봉사적 활동, 스포츠와 게임 등 교양학습 활동, 특별 행사 기타
베니어 (Vannier, 1977)	창조사교적 활동, 캠프 문화 활동, 봉사적 활동, 특별 행사, 신체적 활동, 자연 탐구, 야외 활동
크라우스(1977)	스포츠 및 활발한 게임, 야외 자연 활동, 그룹 게임, 댄스, 음악, 연극, 공예, 공작, 미술, 특별 행사 파티
발, 치프리아노 (Ball & Cipriano, 1978)	사교적 활동, 스포츠, 게임, 미술, 연극, 음악, 댄스, 공작, 공예
파렐, 룬-데그렌 (Farrell & Lun-degren, 1978)	사교적 활동, 환경 활동, 스포츠, 게임, 댄스, 연극, 미술, 공작, 음악

표 3-5 1980년대 레크리에이션 참여유형

학자	참여유형
이소-아홀라 (Iso-Ahola, 1980)	• 스포츠 활동 - 보트 타기, 자전거 타기, 라켓볼, 테니스, 야구, 농구, 볼링, 승마, 스키, 수영, 조깅 • 사교 활동 - 종교 활동, 운동 경기 관람, 영화 감상, 저녁 만찬, 정원 손질, 음악 감상, 신문 읽기, 일광욕, TV 시청, 댄스 • 공작 활동 - 컴퓨터 프로그래밍, 목공예, 뜨개질, 바느질, 도예, 요리, 모형 만들기, 카드놀이, 퀴즈게임
버더(Buther, 1985)	댄스, 미술, 공작, 수집, 활발한 게임 및 스포츠, 연극적 활동, 자연 및 야외 활동, 사교 활동, 음악적 활동, 정신적·언어적 활동, 봉사적 활동
한국방송공사(1985)	사교모임 활동, 감상 및 관람 활동, 취미와 놀이 및 오락 활동, 행락과 관광 활동, 스포츠 활동, 교양 및 창작 활동

한국여가레크리에이션 협회(1987)	• 지적인 레크리에이션 　– 연구조사, 시 낭송, 독서, 수집, 서도, 연설, 웅변 • 사회적인 레크리에이션 　– 봉사 활동, 담화, 축제, 파티, 게임, 캠핑, 포크댄스 • 예능적인 레크리에이션 　– 영화 감상, 연극, 미술, 수예, 문학, 음악, 재봉 • 신체적인 레크리에이션 　– 각종 스포츠, 하이킹, 수렵, 낚시, 등산, 무용 • 취미적인 레크리에이션 　– 꽃꽂이, 도자기 굽기, 장기, 바둑, 수집, 당구 • 관광적인 레크리에이션 　– 고적 답사, 명승지 여행, 해수욕, 단풍놀이

표 3-6　1990년대 레크리에이션 참여유형

학자	참여유형
문화체육부(1995)	• 스포츠적인 부분 　– 수영, 조깅, 헬스, 에어로빅, 테니스 • 취미 교양적인 부분 　– 서예, 수집, 노래 부르기, 문예 활동 • 관람 감상적인 부분 　– 스포츠 관람, 영화 감상, 음악 감상, TV 시청 • 놀이 오락적인 부분 　– 전자오락, 컴퓨터 게임, 바둑, 장기 • 기타 휴식 　– 사우나, 명상, 낮잠
김광득(1997)	• 스포츠 및 건강 활동적인 측면 　– 요양의 목적이나 신체 발달 및 회복의 목적으로 하는 활동 • 취미 및 교양 활동적인 측면 　– 지식을 쌓거나 교양을 함양하는 활동 • 오락 및 사교 활동적인 측면 　– 애정 확대를 목적으로 하거나 게임, 놀이 및 대인 접촉 활동 • 감상 및 관람 활동적인 측면 　– 심신의 기분전환과 관찰을 목적으로 하는 활동

한국여가레크리에이션 협회(1999)	• 생활스포츠 　- 수상, 지상, 항공 스포츠 및 민속 스포츠 • 치료레크리에이션 　- 정신장애 및 신체장애 레크리에이션 • 야외 레크리에이션 　- 캠프 생활, 오리엔티어링 • 예능과 음악 　- 노래 율동, 음악 감상, 연극, 공작, 수예, 레크리에이션 율동, 노래 　　지도 • 민속놀이 　- 민속춤, 가락, 탈춤

표 3-7   2000년대 레크리에이션 참여유형

학자	참여유형
서승유, 이동갑 (2003)	• 지적인 레크리에이션 　- 강연회, 독서, 채집, 창작, 수집, 채집, 쓰기, 토론, 세미나 • 예술적인 레크리에이션 　- 음악 감상, 연주, 미술, 문학, 연극 및 영화 감상, 수공예 • 오락적인 레크리에이션 　- 실내놀이, 게임, 수집, 사진, TV 시청 • 신체적인 레크리에이션 　- 각종 스포츠 활동, 낚시, 하이킹, 소풍, 등산 • 사회적인 레크리에이션 　- 수련회, 관광, 복지 활동, 봉사 활동, 캠핑, 파티, 여행
황영성, 박재성 (2006)	• 지적인 레크리에이션 　- 연구, 수집, 독서, 사색, 탐방 등의 활동 • 예술적인 레크리에이션 　- 음악, 연극, 영화, 미술, 전시회, 수예, 공작, 조소 • 신체적인 레크리에이션 　- 스포츠, 야외 활동, 산보, 등산, 캠프, 수렵, 게임 • 사회적인 레크리에이션 　- 단체 활동, 집회, 좌담, 토론, 각종 행사

4. 레크리에이션의 전문화

레크리에이션의 전문화란 브라이언(Bryan, 1977)의 레크리에이션 전문화(recreation specialization) 이론[18]에서 제시된 것으로, 여가를 즐기는 참여자로서의 한 개인이 여가를 이끌고 창조하는 전문가에 이르는 전 과정을 말한다. 레크리에이션 전문화는 생활만족을 촉진하게 되는데, 여기서 생활만족이란 자신의 삶을 의미 있게 수용하는 긍정적인 기분상태를 말하고 생활기대와 현실적 평가가 포함되는 포괄적인 개념이다. 여가를 즐기고 이를 통해 생활만족도를 높이는 전 과정은 액티브 시니어의 성공적 노화를 위한 여정이며, 여가에 대한 열망 자체가 생활만족에 영향을 미친다.[19] 〈표 3-8〉에 제시한 레크리에이션 전문화 평가 기준은 과거 경험, 삶의 구심성, 경제적 투자의 3개 하위요인으로 나뉘는데, 각각의 내용에 많이 해당할수록 전문화가 높다는 것을 의미한다.

표 3-8 　레크리에이션 전문화 평가 기준[20]

구분	내용	평가
과거 경험	• 여가 활동은 나에게 중요하다. • 나의 여가 활동 기술 수준은 높은 편에 속한다. • 나는 여가 활동 기술을 발전시키고 있다.	
삶의 중심성	• 나는 여가 활동에 많은 시간을 투자한다. • 여가 활동은 나의 여가 시간에서 많은 비중을 차지한다.	
경제적 투자	• 여가 활동의 장비(의류 등) 구입 비용에 투자를 많이 하는 편이다. • 여가 활동을 원활하게 하기 위한 장비 교체 등의 투자는 가치가 있다.	

여가 활동의 종류를 자의적으로 결정하고, 함께 여가를 즐길 동료가 있는 등 레크리에이션 수준은 더 높고 전문화될 수 있다. 이런 전문화 과정은 참여자 스스로 레크리에이션 지도자가 되는 길로 이어지기도 한다.

레크리에이션이 사람의 자유로운 활동과 활력의 기회를 제공하고 삶을 풍요롭게 하는 데 중요한 역할을 하기에 레크리에이션 지도자의 가치관이나 태도, 인격적 요소는 프로그램 전반과 참여자에게 중요한 영향을 미친다. 레크리에이션이 사람과 직접적인 접촉을 통해 과성과 결과를 도출하기에 지도자의 자질 점검은 필수적이다. 김경진(1994)[21]은 레크리에이션 지도자의 자질을 다음과 같이 제시한다.

레크리에이션 지도자의 자질

1. 신체적 요인: 건강함, 생동감과 활력, 청결한 몸가짐, 뛰어난 체력
2. 성격적 요인: 밝은 용기, 유머, 센스, 안정된 감정, 호감
3. 사회적 요인: 인간의 존엄성을 인정, 통찰력과 이해력, 타인과의 협조성, 봉사정신
4. 지적 요인: 명확한 사고력, 판단력, 계획력, 조직력, 표현력, 민주적 운영력
5. 도덕적 요인: 건전한 인생관, 올바른 가치관, 윤리관

1) 정현아(2019). 레크리에이션 지도자의 인지된 전문성이 지도효율성과 지도자신뢰 및 지도만족에 미치는 영향. 부산대학교 대학원 박사학위논문. p. 8.

2) Kraus, R. (1977). *Recreation and Leisure in Modern Society*. Englewood Cliffs, NJ: Prentice-Hall.

3) 김오중(1995). 스포츠 개념에 대하여. 한국여가 레크리에이션학회지, 12(1), 3-12.

4) 조택구, 이재신, 주정호(2003). Dynamics 레크리에이션. 서울: 대경북스.

5) 김기설(2012). 레크리에이션 지도자 교육 참여동기가 교육만족과 자아존중감 및 심리적 행복감에 미치는 영향. 목포대학교 대학원 박사학위논문.

6) 레저, 레크리에이션, 플레이에 대한 구분에 대해서는 다음을 보라. 김영호(1998). 레저, 레크리에이션, 놀이의 말뜻에 관한 배경 탐구. 한국사회체육학회지, 10, 39-50.

7) 교육적 의미에서의 여가에 대하여는 다음을 참고하라. 전국재(2003). 놀이로 여는 즐거운 교육ㆍ상담 I. 서울: 문음사.

8) 전국재(2003). 놀이로 여는 즐거운 교육ㆍ상담 I. 서울: 문음사. p. 24.

9) Nash, J. B. (1960). *The Philosophy of Recreation & Leisure*. St. Louis, MO: C. V. Mosby Co.

10) 권이종은 여가 활동이 갖는 사회적 기능을 상세히 설명하며, 사회교육으로서 레크리에이션의 기능에 집중한다. 자세한 내용은 다음을 참고하라. 권이종(1991). 사회교육연구. 서울: 교육과학사.

11) 윤재섭, 강열우, 박재성(2003). 치료레크리에이션 입문서. 부산: 세종출판사.

12) 김윤숙, 이근모(1998). 사회학의 이론적 관점에 따른 레크리에이션 연구. 체육과학연구소 논문집, 14, 29-40.

13) 이종갑, 이재갑(1999). 뉴 밀레니엄 시대의 여가 및 레크리에이션 활동 방향에 관한 이론적 고찰. 공주영상정보대학 논문집, 6, 35-58.

14) Stokowski, P. A. (2000). Assessing social impacts of resource-based recreation and tourism. In W. C. Gartner & D. W. Lime (Eds.), *Trends in Outdoor Recreation, Leisure and Tourism*. New York: Cabi. pp. 265-274.

15) 김은자, 이정원, 이유경(2013). 레크리에이션 기능에 기초한 농촌체험·휴양공간 계획에 관한 연구. 농어촌관광연구, 20(1), 37-52.

16) Meyer, H. D., Brighightbill, C. K., & Sessoms, H. D. (1969). *Community Recreation* (4th ed.). New York: Prentice-Hall.

17) 정현아(2019). 레크리에이션 지도자의 인지된 전문성이 지도효율성과 지도자신뢰 및 지도 만족에 미치는 영향. 부산대학교 대학원 박사학위논문.

18) Bryan, H. (1977). Leisure value systems and recreational specialization: The case of trout fishermen. *Journal of Leisure Research*, 9(3), 174-187.

19) 액티브 시니어의 여가에 대한 열망이 중년 이후 생활만족에 어떤 영향을 미치는지는 다음의 논문을 참조하라. 홍순범, 서광봉, 이지열(2019). 복지관 참여 노인들의 여가열의와 사회적응 및 생활만족도의 인과관계 분석. 한국사회체육학회지, 75, 359-367.

20) 맥팔레인(McFarlane, 1994)이 개발한 척도를 바탕으로 황선환과 이문진(2009)의 연구에서 번안 후 역번안하여 사용한 척도다. 이 척도를 보다 정밀하게 여가촉진과 생활만족까지 연결하여 설명한 자료를 위해서는 다음의 논문을 보라. 이민석, 이지열, 사혜지(2019). 시니어 대상 여가이벤트 참여 액티브 시니어의 여가촉진, 레크리에이션 전문화 및 생활만족의 관계 분석. 한국사회체육학회지, 77, 449-459.

21) 김경진(1994). 여가·레크리에이션 지도자의 자질척도 개발. 한국여가레크리에이션학회지, 11, 39-51.

제4장

포괄적 레크리에이션: 레크리에이션, 치료레크리에이션, 노인놀이치료

1. 레크리에이션, 치료레크리에이션 그리고 노인놀이치료
2. 레크리에이션의 치유와 예방 기능

1. 레크리에이션, 치료레크리에이션 그리고 노인놀이치료

중년 이후 여가와 레크리에이션은 신체기능 저하와 심리적 불안감을 감소시키는 데 기여한다. 신체의 기능을 활성화하면서 동시에 심리적 완충작용과 심리치유 기능으로 신체기능과 심리기능을 향상시키고 삶의 만족을 높이는 데 기여한다. 일반적으로 레크리에이션과 치료레크리에이션 그리고 노인을 위한 놀이치료는 서로 분리되어 사용된다. 레크리에이션은 신체와 매체를 이용한 다양한 활동을 통해 즐거움과 유쾌함을 느끼고 기분전환을 경험하며, 신체·정서·사회·관계의 긍정적 변화와 행복감을 추구하는 능동적 활동으로서 넓게는 개인이 자발적으로 원해서 즐기는 모든 활동을 말한다. 반면, 치료레크리에이션은 재활레크리에이션, 임상레크리에이션, 레크리에이션 치료로 불리며 환자를 대상으로 여가와 레크리에이션의 전문지식을 이용해 최적의 건강과 삶의 질을 높이는 데 관심을 두는 레크리에이션의 주요 분야다. 치료레크리에이션은 활동과 놀이를 넘어 행동변화를 위한 처치와 행동변화를 통한 개인적 성장과 향상을 목적으로 한다.[1] 반면, 노인놀이치료는 놀이의 치료적 요인을 도구로 하여 노인의 신체적·정신적·감정적 불균형 상태를 긍정적인 방향으로 개선하도록 도와주기 위한 일체의 활동을 말하며, 공포를 극복하고 창조적 사고를 유발하며 심리적 정화기능과 상상력을 발휘하게 하고 관계를 증진시키며 긍정적인 정서를 갖게 하는 목표를 갖는다.[2]

용어상의 차이에도 불구하고 그 기능적 용도에 있어서는 여러 면에서 중복되는 특징을 가지고 있다. 치료레크리에이션은 주로 레크리에이션을 치료 수단으로 활용하기에 레크리에이션과 치료레크리에이션의 기능적 요소는 유사할 수 있다. 다만 레크리에이션은 비교적 건강한 노인이 대상이고, 치료레크리에이션 대상의 70%가 치매를 포함해 정신적인 문제를 앓고 있는 노인이므로 인지기능에 대한 유지와 적응을 위해 레크리에이션의 기능적 요소보다는 난이도와 게임성을 낮추거나 단순화 내지 변형해서 활용한다. 반면, 놀이치료는 레크리에이션이나 치료레크리에이션과는 달리 놀이도구나 소품을 활용하여 놀이를 통한 심리진단과 심리치료를 목적으로 한다.

노상은과 전남희(2018)에 따르면 레크리에이션과 치료레크리에이션 그리고 놀이치료의 기능은 다음과 같다.

레크리에이션의 효과성 검증 요인을 보면 고밀도지단백콜레스테롤, 저밀도지단백콜레스테롤, 총콜레스테롤, 골밀도, 동적 평형성, 평형성, 맥박, 민첩성, 보행능력, 수축기 혈압, 이완기 혈압, 유연성, 하지근력으로 신체적인 기능의 유지·향상의 효과를 검증하려 한 요인들이 있다는 게 특징이라고 할 수 있다. 이는 건강한 노인을 대상으로 한 연구이기에 충분히 가능한 연구라고 본다. 또한 결과 역시 유의미하거나 향상됐다고 보고하고 있다. 치료레크리에이션과 놀이치료는 가족지지, 근심, 걱정, 긍정적 자극, 기억력, 대인관계, 부정적 정서, 스트레스, 이해 및 판단 능력, 악력, 우울감, 임종 불안, 자아존중감, 자아통합감, 주관적 안녕감, 즐거움, 인지능력, 지남력, 표현력, 행복지수, 협응력으로 정신적인 기능의 유지·향상의 효과를 검증하려 한 요인들이다.[3]

시니어를 위한 레크리에이션과 치료적 레크리에이션 그리고 노인놀이치료의 주요 내용들을 분류하면 〈표 4-1〉과 같다.

표 4-1 **레크리에이션, 치료레크리에이션, 노인놀이치료의 주요 내용**[4]

구분	주요 내용
레크리에이션	가위바위보 체조, 계산하기, 귓속말 정보, 내 손 그리기, 내 이름 외치기, 노래, 덕담 나누기, 레크댄스, 릴렉스 체조, 명상, 몸 가위바위보, 무용, 물건 기억하기, 미술, 박수 치기, 색 순서 외우기, 손가락 운동, 손도장, 스트레칭, 웃음, 종이 접기, 체조, 춤, 테라밴드, 풍선 나르기, 덤벨 체조, 혈액순환 체조
치료/재활 레크리에이션	강강술래, 공놀이, 공연 보기, 기도, 깡통 볼링, 나의 변화 찾기, 낚시, 낱말퍼즐, 널빤지 제기차기, 댄스, 다트, 도라지 체조, 독서, 동전 쌓기, 딱지치기, 목걸이 만들기, 몸 흔들기, 명상, 미니볼링, 미니올림픽, 미술작업, 박물관 관람, 별명 외우기, 보드게임, 볼링, 비석 치기, 비행기 접기, 빨대 릴레이, 사방치기, 색깔 뒤집기, 숨은 그림 찾기, 시계 박수, 신문지 구겨 던지기, 신문지 바구니

	농구, 실뜨기, 심호흡 박수, 노래 따라 하기, 노래 동작, 쌀보리, 안구운동, 안마, 알까기, 영화 감상, 옷 만들기, 요가, 윷놀이, 음식점 게임, 인사 나누기, 왼손 오른손 맞추기, 자화상 그리기, 쟁반 제기, 지남력·창의력 게임, 책상탁구, 체조, 칠교, 콩 주머니, 탁구공 볼링, 탈춤, 탱탱볼 주고받기, 투호, 풍선배구, 풍선 배드민턴, 풍선 치기, 합장 박수, 핸드벨, 화투
노인놀이치료 (치료놀이)	가을 동산 꾸미기, 갑돌이와 갑순이, 계란판 탁구공 전달, 과자 목걸이 만들기, 게이트볼, 고리 던지기, 고리 릴레이, 고향의 봄, 깡통 볼링, 콜라주, 나 자신 표현하기, 날 좀 보소, 내가 만약, 노들강변 의자 체조, 달타령, 담요 공 전달, 당신은 누구십니까, 등 밝히기, 별칭 게임, 벤치축구, 봉숭아 물들이기, 블록 게임, 로보 77, 명찰 달아 주기, 민요 부르기, 박 터뜨리기, 별명 짓기, 배구경기, 부적 만들기, 사방치기, 사진 찍기, 송편 만들기, 윷놀이, 쎄쎄쎄, 솜 공 눈싸움, 수건돌리기, 손 마사지, 스티커 붙이기, 신문지 공놀이, 신문지 농구, 안마, 마사지, 옆 사람 칭찬, 오자미 양궁, 우봉고, 우리 집에 왜 왔니, 유령 계단 게임, 윷놀이, 짝 소개, 촛불 끄기, 추억의 물건 이야기, 치킨차차차, 표적 맞추기, 풍선 배구, 풍선에 얼굴 그리기, 풍선 치기, 할리갈리

2. 레크리에이션의 치유와 예방 기능

시니어의 건강을 증진시키는 수단으로 여가와 레크리에이션 활동은 주요하다. 노년기 여가 활동은 정신건강과 육체적 건강을 유지하고 증진시키고, 자아실현을 도우며 친밀감을 증진시켜 개인적 발달과 사회적 발달에 기여한다. 특히 레크리에이션의 치료적 기능은 개인의 신체적·정서적·사회적 행동을 바람직한 방향으로 변화시키는 동시에 노년기 성공적 노화와 활동적 노화를 위한 건강한 발달을 촉진하는 영역으로 자리 잡았다. 특히 치료레크리에이션은 치료와 레크리에이션의 합성어이지만, 치료는 의학적 용어와는 다른 의미로 개인의 심리사회적 기능을 회복하고 성장하도록 돕고, 창조적 여가활용 능력과 자립생활에 필요한 기술을 갖추도록 체계적으로 이바지하는 것을 의미하므로,[5] 레크리에이션의 치료적 적용이라 할 만하다.

치료레크리에이션의 목적은 부족한 기능을 회복시키는 것과 자신에게 필요한 여가생활양식을 개발하고 유지하여 삶으로 표현하는 것이기에 대상자의 성장과 발달 욕구에 만족감을 제공할 수 있도록 구성해야 한다.

노인을 대상으로 하는 치료레크리에이션은 건강조절 능력 또는 자립적 사고 의식이 쇠퇴되는 비활동적인 노인에게 필요한 것으로 노인이 자립적 생활을 영위해 나가는 실제 행위에서도 변화를 기대할 수 있다. 이는 노년기의 능동적 여가 활동을 위한 효과성을 강조하는 것으로서 치료레크리에이션 프로그램은 성공적 노화, 생산적 노화, 활동적 노화를 위한 하나의 수단으로 사용될 수 있다.[6]

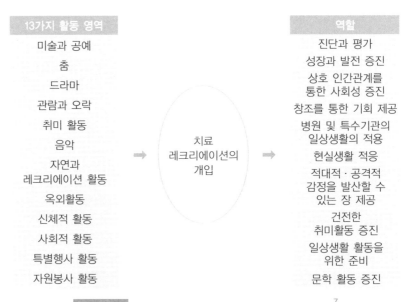

그림 4-1 **치료레크리에이션의 활동 영역과 역할**[7]

1) 레크리에이션과 신체기능 향상

움직임은 신체 건강을 유지하기 위한 중요한 과정이며, 움직임을 통해 자신의 정서를 나타내거나 움직임을 통해 정서의 변화를 파악할 수도 있다. 또한 움직임은 비언어적 의사소통의 형태로 자아의식을 증가시키며 신체적 이완을 촉진한다. 이러한 움직임은 건강한 사람부터 기동장애가 있는 사람에 이르기까지 적용할 수 있는 적절한 건강 증진 행위다. 일상생활에서 적용할 수 있는 움직임의 한 방법인 춤은 다양한 형태가 있고, 각기 조금씩 다르게 정의될 수 있지만 특징적인 것은 내적·외적 환경의 통합적인 상호작용에 의해 표현되는 것이며, 인간을 총체적인 존재로 보는 관점에서 인간의 내적인 사고가 신체를 통해 외적으로 표출되는 것이다.[8]

레크리에이션의 신체기능 강화 효과는 이미 검증되었다. 달리기나 라켓경기 같은 운동에 참가하고 있는 노인들은 비슷한 연령대에 운동에 참가하지 않는 노인들보다 빠른 반응시간과 운동시간을 가지고 있는 것으로 나타났다(Clarkson & Kroll, 1978). 실제 운동하는 노인들이 운동을 하지 않는 젊은 사람들보다 반응시간이 빠르기도 했다(Montoye, 1958). 단순반응시간과 선택반응시간, 균형, 유연성, 손목의 힘을 측정하는 실험에서 활동적 여성 노인이 비활동적 여성 노인보다 우수한 것으로 나타났다(Rikli & Busch, 1986).[9] 30~85세의 여성들에게 레크리에이션댄스 프로그램을 실시한 결과에서도 올바른 신체자세를 배운 후 소화계통의 장애가 사라지고, 관절이 부드러워졌으며, 혈압이 안정되었다(Lewis & Deutch, 1988).[10]

우리나라에서 노인을 대상으로 한 치료레크리에이션 프로그램의 체력에 대한 효과를 분석한 연구를 보면, 여성 노인 9명을 대상으로 치료레크리에이션 프로그램을 12주간 주 2회 실시한 결과, 근력, 근지구력, 유연성, 평형성 영역에 유의미한 효과를 보였다.[11] 또한 여성 노인 8명을 대상으로 6주간 주 2회 치료레크리에이션을 실시한 연구에서도 여성 노인의 신체에 긍정적인 변화를 가져올 수 있었다.[12]

70세 이상 여성 노인 9명을 대상으로 치료레크리에이션을 실시했던 신희진(2000)[13]의 연구결과에 의하면, 치료레크리에이션을 통해 수축기 혈압이 안정되고, 근육의 변화가 좌측 악력과 우측 악력 모두에서 의미 있게 변화했다. 또한 근지구력이 향상되고 유연성과 평형성도 긍정적인 결과를 나타내었다. 65세 이상 여성 노인 30명을 대상으로 레크리에이션댄스에서 나타나는 신체반응을 연구한 연구에서도 레크리에이션댄스가 카테콜아민, 총콜레스테롤, 고밀도지단백콜레스테롤, 저밀도지단백콜레스테롤, 체중, 체지방, 제지방체중, 생활만족도를 개선하는 효과를 내었고, 안정 시 수축기 혈압과 이완기 혈압, 맥박, 근력(좌악력, 우악력, 각근력), 유연성, 우울이 부분적으로 좋아지는 결과를 내었다.[14]

레크리에이션은 치료현장에서 신체 건강에 긍정적인 영향을 미치며, 즐거움을 동반한 여가로서 신체활동을 이용하는 치료레크리에이션은 노년기 건강 강화와 여가만족에 긍정적인 영향을 미친다.

2) 레크리에이션의 심리치유와 예방기능

시니어의 여가 활동과 레크리에이션 참여는 은퇴 후 발생한 역할 상실의 빈 공간을 채우고 사회적 소속감 회복에 기여한다. 시간을 의미 있게 채워 가는 과정은 은퇴 이후 '생의 의미'를 돌아보는 과정에 스스로 '여전히 쓸모 있는 사람'이라는 효용감을 강화하고, 활동 참여와 동작 참여 과정에 사회적 동질성을 회복하게 한다.

무엇보다 레크리에이션은 웃음을 찾는 활동, 즐거운 활동, 여가를 선용하는 활동, 기분전환을 위한 활동, 긍정적인 사고를 위한 적극적인 창조 활동 그리고 남녀노소를 초월하여 자신의 취미와 오락을 즐기는 활동으로서 개인적 의의와 사회적 의의로 구분할 수 있다. 개인적 의의로서의 레크리에이션 활동은 자기표현·자기발전의 기회를 가짐으로써 행복에 찬 삶의 목표를 바라보게 되며 자아실현·자기성취를 통해 민주적 인간관계를 형성하고 여가를 이용하는 기술이나 방법에 관심을 갖도록 한다. 또한 건강과 체력을 높이며 창조적 표현과 미적 감각을 부여하고 여가를 위한 환경을 조성한다. 즉, 타율적으로 진행되는 활동이 아닌 자율적인 선택으로 자기만족을 얻을 수 있는 가치 있는 활동이 모두 포함된다. 레크리에이션의 사회적 의의는 사회적 통합기능과 문화적 기능, 그리고 사회적 일탈행위 규제 기능이다. 레크리에이션은 집단에 공동의 가치나 의식을 부여하고 개인의 창조적 표현과 자기능력을 표현할 기회를 제공하는 활동으로, 공감대를 형성하고 소속감을 제공하며 사회적 일체감을 제공하기에 사회적 통합기능을 갖는다. 또한 스포츠나 음악, 미술, 연극, 영화 등 다양한 여가 활동에 참가하고, 이를 레크리에이션이라고 하는 보다 구체적인 표현을 통해 문화적 기능에도 기여한다. 나아가 레크리에이션은 에너지를 건강하게 분출하도록 돕는 카타르시스 기능을 하고, 욕구 불만 및 스트레스 조절 등 집단의 정서적 불안을 해소하는 레크리에이션의 기능은 사회적 일

탈행위를 규제하는 데 일조하며 사회구성원들의 사회화를 돕는다.[15]

　레크리에이션에서 가치와 기쁨을 선택하는 과정을 통해 참여자는 중년 이후 고립감을 완화하고 소외감을 해소한다. 여가 활동으로 가진 휴식과 기분전환의 기능과 레크리에이션 참여를 통해 얻게 되는 우울 감소와 스트레스 완화 기능은 심리적 안정뿐 아니라 신체와 정서 상태에 대한 만족도를 높인다.

　실제 레크리에이션 프로그램이 건강한 노인뿐 아니라 치매노인의 우울을 감소시켰다. 이는 여성 치매노인과 남성 치매노인 모두에게 유의미한 감소를 보였고,[16] 장애노인의 우울 역시 감소시키는 효과가 있었다.[17] 이를테면, 이정훈(2012)이 여성 치매노인 10명을 대상으로 6주간 주 2회에 걸쳐 실시된 치료레크리에이션 프로그램, 그리고 남녀 치매노인 8명을 16주간 주 1회 총 16회기에 걸쳐 실시한 전은미의 연구(2007) 등에서 유의미한 수준에서 우울감소 결과가 나타났다. 정의정(2006)의 연구에서 여성 장애노인 5명을 대상으로 12주간 주 1회 구성한 치료레크리에이션 프로그램에서는 유의미한 우울감소를 보였다. 남녀 치매노인들을 대상으로 한 연구에서 레크리에이션은 스트레스 감소에 기여하고 자아존중감 향상, 여가만족도 향상을 보였고, 행복감의 증가도 나타났다.[18]

3) 레크리에이션의 관계 회복기능

　노년기 고독과 우울은 삶의 질을 감소시키고 삶에 대한 무력감과 고립감은 가족을 포함한 대인관계 형성에도 부정적 영향을 미친다. 고독감을 느끼는 노인은 타인과의 효과적인 상호작용을 어렵게 느끼며, 사회성 기술의 결핍 때문에 자신의 정서적·사회적·생리적 욕구를 충족시키지 못하게 된다. 그 결과 사회적 관계 감소나 차단이 강화되고 외로움과 좌절감이 커지며, 관계 능력에 대한 회의감이 커지기 쉽다. 이러한 노인의 사회적 기능회복을 위해서 타인과의 효과적인 상호작용을 강화하고 적절한 자기표현을 훈련하며 의사소통을 증진시키는 과정은 매우 치유적이다.

　일반적인 성격변화의 노년기의 특성과 달리 인지기능의 저하와 우울증상이 있는 경우 역시 대인관계의 어려움을 가져오므로 이러한 문제를 돕기 위한 치료적 접근이 절실하다. 그러나 인지기능 문제가 있는 노인의 경우 상호 간의 감정, 태도, 신념, 정보 및 사실을 전달하고자 해도 언어 전달이 수월치 않아 자기표현이 잘되지 않고 의사소통에 어려움을 경험하게 된다. 따라서 언어적 방법이 아닌 보다 효율적이고 포괄적인 방법이 필요하다. 특히 치매노인은 사회성 기술의 결핍은 치매의 악화 요인으로 작용하며, 신체기능 및 정신기능의 저하로 일상생활 동작능력과 자립 정도가 약화되어 그 심각성은 더해진다.

　레크리에이션이 노년기 사회성을 증가시키는 데 기여하는 이유는 그 특성에 기인한다. 레크리에이션은 그 특성상 지도자와 개인, 개인과 개인, 지도자와 집단 간 사회적 자질의 형성으로 인간적인 접촉을 경험하는 기회를 갖게 되어 자연스럽고 건전한 인간관계 구성 효과가 있다. 이는 레크리에이션이 개인적으로 행해지기도 하지만 보통 집단으로 이루어지기 때문이다.

　일반적으로 참여자들은 레크리에이션에 참여하면서 개인과 개인으로 이루어진 작은 사회를 경험하게 되며, 그 속에서 이루어지는 다양한 인간관계와 역할수행을 배우는 계기가 된다. 나의 주장과 타인의 의견을 조율하는 것, 타인을 신뢰하고 서로 협조하는 것 등을 배우게 된다. 또한 레크리에이션에서 구성되는 사회는 가상사회이기 때문에 현실적인 사회에서 존재하는 신분관계가 배제되며, 직업에서 비롯되었던 우월감이나 열등감도 사라지고, 레크리에이션을 중심으로 한 새로운 관계가 형성되면서 새로운 사회를 통한 낯선 체험과 대리만족을 경험할 수 있다.[19] 이처럼 레크리에이션은 사회적인 의미를 보다 많이 지니고 있기에 조직이 활성화되고, 조직에 대한 애착심을 갖게 되며, 분위기 활성화에 따른 생산성이 향상된다. 또한 진행자와 조직원들 간의 관계가 정상화되고 욕구 불만 해소에 도움이 된다.[20]

　고관홍 등(2010)의 연구에 따르면, 65세 이상 치매노인들을 대상으로 총 9회기 동안 요리와 협동미술, 율동, 같은 그림 맞추기, 링 던져서 걸기, 다트 게임 등을 팀으로 구성하여 진행한 결과 간단한 게임을 통하여 구성원들과의 사회적 관계를 형성하고 협력 활동에의 욕구를 강화하고 사회적 기술 향상을 도모하였다.[21] 또한 건강한 여성 노인들을 대상으로 실시한 치료레크리에이션을 통해 여성 노인에게 인생에 있어 만족감, 행복감, 자신감, 건강상태, 비판, 외로움, 소외감 등의 정서적인 측면을 측정하였는데, 연구결과 치료레크리에이션이 여성 노인의 인생에 대한 만족감, 행복감, 자신의 건강상태에 대한 느낌 등을 향상시켰으며,[22] 생활, 인생에 대한 비판, 외로움, 소외감 등은 감소하는 결과를 보였다. 또한 참여자들이 치료레크리에이션 서비스에 적극적으로 개입할수록 친밀감의 형성이 빨랐으며, 친밀감 형성은 타 참여자와의 관계, 자신감, 자신에 대한 인식 변화에 긍정적인 영향을 미치는 것으로 나타났다.[23]

미주

1) 치료레크리에이션의 개념에 대한 다양한 조명과 설명은 다음을 참고하라. 노용구(1998). 치료레크리에이션의 개념정립과 발전과정. 한국여가레크리에이션학회 학술세미나자료집, 105-114. 치료레크리에이션의 과제와 전망에 대한 큰 조망을 위하여는 다음을 참고하라. 노용구(2018). 치료레크리에이션의 과제와 전망. 한국여가레크리에이션학회 학술세미나자료집, 21-35.

2) 노인놀이치료의 기능과 효과에 대한 자세한 내용은 다음의 논문을 참고하라. 신혜원(2009). 노인놀이치료의 통합적 콘텐츠 개발에 관한 연구. 고려대학교 대학원 박사학위논문.

3) 노상은, 전남희(2018). 노인 여가 복지 프로그램의 효과성 검증 연구 동향 분석: 레크리에이션, 치료레크리에이션, 놀이치료. 한국케어매지니먼트연구, 26, 128.

4) 노상은, 전남희(2018). 노인 여가 복지 프로그램의 효과성 검증 연구 동향 분석: 레크리에이션, 치료레크리에이션, 놀이치료. 한국케어매지니먼트연구, 26, 111-134. pp. 121-122의 표를 수정하여 제시하였다.

5) 이경숙(2002). 치료레크리에이션이 노인 우울증에 미치는 영향에 관한 사례연구. 숭실대학교 노사관계대학원 석사학위논문.

6) 노용구(2006). 노인의 심리 및 사회적응력 향상을 위한 치료레크리에이션 프로그램 개발연구. 한국여가레크리에이션학회지, 30(2), 77-88.

7) 이근모(2001). 노인의 건강증진을 위한 치료레크리에이션 프로그램 개발. 경북대학교 사범대 논문집, 40, 121.

8) 전영수(2007). 레크리에이션댄스가 노년기의 자기효능감 증진에 미치는 효과: 프로그램 개발과 효과성 검증. 경기대학교 대학원 박사학위논문. p. 32.

9) 윤숙례(2000). 레크리에이션댄스가 저소득층 여성노인의 건강에 미치는 효과. 중앙대학교 대학원 박사학위논문에서 재인용.

10) 김영숙(2003). 시니어 에어로빅 운동이 고령자의 신체효능감 및 정신건강에 미치는 영향. 동덕여자대학교 대학원 박사학위논문에서 재인용.

11) 박장은, 신희진(2000). 여성노인의 신체적성 향상을 위한 치료레크리에이션의 효과. 한국사회체육학회지, 14, 239-253.

12) 장호순(2006). 치료레크리에이션이 여성노인의 소외감 감소에 미치는 영향. 대전대학교

대학원 석사학위논문.

13) 신희진(2000). 치료레크리에이션 프로그램이 여성노인의 신체적성에 미치는 영향. 명지대학교 대학원 대학원 석사학위논문.

14) 윤숙례(2000). 레크리에이션댄스가 저소득층 여성노인의 건강에 미치는 효과. 중앙대학교 대학원 박사학위논문.

15) 맹선재(2011). 레크리에이션 진행자의 소진에 관한 질적연구. 경기대학교 대학원 석사학위논문. p. 4.

16) 이정훈(2012). 시설거주 치매노인의 우울감소 및 인지기능 향상을 위한 치매레크리에이션 프로그램 개발 및 효과에 관한 연구. 꽃동네대학교 대학원 석사학위논문.

17) 정의정(2006). 치료레크리에이션 회상 프로그램이 노인의 정서적 기능에 미치는 영향에 관한 연구. 한국스포츠리서치, 17(6), 995-1003.

18) 레크리에이션을 통한 치매노인의 스트레스 감소는 다음을 참고하라. 오영훈, 김진락 (2016). 치료레크리에이션 프로그램이 치매노인의 인지기능 및 스트레스에 미치는 효과성 연구. 한국상담심리교육복지학회지, 3(1), 5-22. 자아존중감 향상에 대해서는 다음을 참고하라. 전은미(2007). 치료레크리에이션 프로그램이 치매노인의 인지기능과 우울, 자아존중감에 미치는 효과. 대전대학교 대학원 석사학위논문. 행복감 향상에 대하여는 서주옥 (2007)의 연구와 천혜정 등(2001)의 연구를 참고하라. 서주옥(2007). 치료레크리에이션이 치매노인의 협응력 증진에 미치는 영향에 관한 실증적 연구: 전통놀이 프로그램을 중심으로. 상명대학교 대학원 석사학위논문. 천혜정, 김준희, 김경신(2001). 치료적 레크리에이션 프로그램이 여자 노인의 정서에 미치는 영향. 한국여성체육학회지, 15(2), 101-110.

19) 이정재, 김현나(2007). 맛있는 레크리에이션. 서울: 대경북스.

20) 권두안(2004). 레크리에이션 지도자의 프로그램 개발 실태 분석. 경희대학교 체육대학원 석사학위논문.

21) 고관흥, 황혼식, 박훈기, 채희중, 유정현(2010). 사회성 기술 향상을 위한 다차원적 프로그램이 노인성치매환자에 미치는 효과에 대한 예비연구. *Korean Journal of Family Medicine, 31*(3), 182-189.

22) 천혜정(1997). 치료 레크리에이션 프로그램이 노인의 정서에 미치는 영향. 용인대학교 대학원 석사학위논문.

23) 지성자(2008). 치료레크리에이션 서비스가 조손가정 조부모의 우울감에 미치는 영향에 관한 연구: 군포시를 중심으로. 강남대학교 대학원 석사학위논문.

제 2 부

노인 레크리에이션의 실제

제5장   뇌 건강과 인지활동 촉진 프로그램

제6장   관계 촉진 프로그램

제7장   소근육 운동 프로그램

제8장   행복감 촉진 프로그램

뇌 건강과 인지활동 촉진 프로그램

1. 삼박자 건강박수 프로그램

2. 손 부위별 건강박수 프로그램

3. 연상 단어 박수 프로그램

4. 손의 협응 박수 프로그램

5. 감정 표현을 돕는 박수 프로그램

6. 숫자를 활용한 박수 프로그램

7. 동화를 활용한 단계별 박수 프로그램

8. 시리즈 박수 프로그램

9. 나라별 박수 프로그램

10. 종합 박수 프로그램

1. 삼박자 건강박수 프로그램

삼박자 건강박수 프로그램은 '삼박자를 고루 갖추다'라는 말의 의미를 응용해서 누구나 쉽게 따라 할 수 있는 세 가지 박수 동작을 놀이형태로 만들었으며, 공간의 제약을 받지 않고 어디서든 따라 할 수 있는 박수 프로그램으로 인지 놀이영역에서 중요한 부분을 차지한다.

인원

1~300명

참여 대형

의자형, 자유형

준비물

상황에 따른 음향 장비

목표

인지능력 향상 및 신진대사 촉진

지도방법

① 지도자가 "때리고"라고 하면 참여자는 양손의 손뼉을 친다.
② 지도자가 "문대고"라고 하면 참여자는 양손 바닥을 마찰을 가하면서 비빈다.
③ 지도자가 "지지고"라고 하면 참여자는 뜨거워진 양손 손바닥을 예뻐지고 싶은

부위에 얹는다.

④ 5~10초 정도 손을 얹으면서 지도자는 참여자에게 "예뻐져라. 잘생겨져라. 좋아져라."라는 말을 하게 한다.

💡 지도 tip

예뻐지고 싶은 부위에 손을 얹을 때 '부위'마다 재밌는 의미를 포함시키면 좋다.

💬 리드멘트 예시

박수를 많이 치면 건강에 좋다는 거 알고 계시죠? 저를 따라서 힘차게 손뼉을 치시겠습니다. 이번에는 양손 손바닥이 뜨거워질 때까지 비빌게요. 손바닥이 뜨거워지셨으면 예뻐지고 싶은 부위에 10초 동안 손을 올려 보세요! 손을 얹으신 상태로 저를 따라 하세요. "예뻐져라." 시작! (참여자 반응) 모든 분들이 잘 따라오고 계시는데요. 다시 한 번 해 보겠습니다.

✔ 주의할 점

지도자는 동작 시범을 정확히 보여 줘야 한다.

👍 프로그램 기능과 효과

삼박자 건강박수 프로그램은 수많은 미세 혈관이 분포된 손바닥을 자극해 인지 영역과 신진대사를 촉진하는 과정을 놀이로 만들었으며, 건강을 지킬 수 있는 프로그램이라 기대한다.

질병이 있는 노인의 손을 만지고 부드럽게 쓰다듬는 과정에서 대상자의 생리적 · 심리적 이완 효과를 높인 것이 수면 증진과 우울 감소 효과에 도움이 된 것을 볼 때 손을 만지거나 마주치는 대상 접촉 및 자기 접촉은 노인의 정서를 안정시키고 우울을 예방하는 데 기여할 것으로 보인다.[1] 손을 주무르고 때리고 문지르고 마사지 행위를 통해 수축기 혈압과 맥박 저하 및 정서 상태에 효과를 주었다. 이는 마사지를 함으로써 접촉을 통해 대인관계를 지지하는 중재이며 노인에게 심리적·정신적으로 근육을 이완하는 효과가 있다.[2] 이런 면에서 삼박자 건강박수 프로그램은 예방적 차원의 재미와 의미를 적용하는 것이다.

삼박자 건강박수 프로그램 기능

1. 양손 사용 능력 향상
2. 혈액순환
3. 수축기 혈압과 맥박 호전
4. 수면장애 호전
5. 통증 감소

2. 손 부위별 건강박수 프로그램

손 부위별 건강박수 프로그램은 구보타 기소우(久保田競) 작가의 『손과 뇌(手と腦)』에서 '손은 외부의 뇌다'라는 흥미로운 주제를 보면서 레크리에이션 주의집중 스팟(spot) 프로그램을 응용한 연구의 효과를 토대로 만들었다. 각 신체별로 기능이 다르듯이 손에도 다양한 기능들이 존재한다.

👥 인원

1~300명

👤 참여 대형

의자형, 자유형

준비물

상황에 따른 음향 장비

💡 목표

손 기능 향상 및 신체별 건강 기능 향상

◯ 지도방법

① 지도자는 참여자에게 다섯 가지의 박수 동작을 보여 준다.
② 박수마다 번호를 부여하거나 동작별로 신체기능의 효과를 이야기한다.
③ 익숙해지면 4/4박자의 빠른 음악에 맞춰 박수를 치게 한다.

손바닥 박수: 손가락을 직선으로 편 채 손뼉을 친다.

손끝 박수: 양손 손가락 끝을 마주하며 손뼉을 친다.

손등 박수: 양손 손등을 교차하면서 손등을 친다.

손목 박수: 손바닥이 아닌 안쪽 손목을 친다.

주먹 박수: 양손의 주먹을 쥐고 주먹끼리 친다.

☺ 지도 tip

다섯 가지 박수 동작에 번호를 정해서 번호를 부르면서 해도 효과적이다.

💬 리드멘트 예시

- 1번 손바닥 박수: 손바닥 박수는 혈액순환 장애로 생기는 손발 저림에도 좋고 심장이 약한 사람에게 그렇게 좋다고 합니다. 박수 3번을 쳐 보겠습니다. 시작! 벌써 여러분 흰색 머리가 염색도 안 했는데 검정색으로 변해 가는 기분입니다.

- 2번 손끝 박수: 손끝 박수는 말초신경계를 자극해서 특히 눈이 엄청 좋아집니다. 〈심청전〉에 나오는 심청이 아버지 심봉사 아시죠? 거기 나오는 심봉사가 눈을 번쩍하고 뜬 이유가 제가 이 박수 알려 줘서 눈을 떴어요.

- 3번 손등 박수: 손등 박수는 허리 건강에 그렇게 좋다고 합니다. 몇 번 하지도 않으셨는데 허리 보세요. 웬만한 요가강사 다 되셨어요.

- 4번 손목 박수: 손목 박수는 남성분에게는 생식기, 즉 정력에 좋고, 여성분에게는 방광에 그렇게 좋대요. 오늘부터는 화장실 걱정 없이 편안하게 다니실 거 같아요.

- 5번 주먹 박수: 주먹 박수는 스트레스로 인한 두통에 그렇게 좋다고 합니다. 누가 스트레스 줄 때 주먹을 휘두르면 경찰서를 가지만, 화를 참고 주먹으로 박수 치면 내 자신을 건강하게 만들어 줍니다.

✔ **주의할 점**

느린 곡을 사용하게 되면 분위기와 박수 치는 타이밍을 놓치기 때문에 빠른 곡을 사용한다.

👍 **프로그램 기능과 효과**

우리의 몸을 살펴보면 각각의 부위마다 몸을 이끌어 가는 기능이 다른 것처럼 손 부위별 건강박수 프로그램은 몸 전체를 건강하게 만드는 기능을 담당할 수 있다.

손을 부위별로 활용한 박수 프로그램은 치매노인의 스트레스를 감소시키며 인지 기능을 향상시키는 동시에 정서적 · 사회적 · 신체적 기능을 향상시키는 효과가 있었다.[3] 이런 면에서 손 부위별 건강박수 프로그램은 노인의 건강을 증진시키고 스트레스를 줄이는 데 기여할 것이다.

손 부위별 건강박수 프로그램 기능

1. 손바닥 박수: 손발 저림 및 심장 기능 향상
2. 손끝 박수: 말초신경계 자극
3. 손등 박수: 허리 건강 증진
4. 손목 박수: 남성 생식기와 여성 방광 강화
5. 주먹 박수: 스트레스로 인한 두통 해소

3. 연상 단어 박수 프로그램

　연상 단어 박수 프로그램은 지도자가 참여자에게 전달하는 다양한 단어를 통해 참여자들은 순간적으로 기억을 되살려 머릿속으로 단어를 연상하고 단어에 맞춰 박수를 쳐야 한다. 참여자들의 순간적인 순발력 향상과 두뇌를 빠르게 회전하게 하는 놀이 프로그램이다.

인원

1~300명

참여 대형

의자형, 자유형

준비물

상황에 따른 음향 장비

목표

순발력 향상 및 기억력 향상

지도방법

① 지도자는 참여자가 단어에 순간적으로 반응을 보이게 한다.
② 지도자는 참여자에게 '음식' 이야기를 하면 박수 한 번, '과일' 이야기를 하면 박수 두 번, '트로트 가수' 이야기를 하면 박수 세 번을 칠 수 있도록 한다.

지도 tip

설명은 천천히 하면서 단계별로 난이도를 높이고, 단어는 동물, 나라, 도시 등으로 다양하게 바뀌도 좋나.

리드멘트 예시

제가 음식을 말하면 박수를 한 번만 짝! 하고 쳐 주세요. 연습해 보겠습니다. 라면! 짝! 잘하셨어요. 이번에는 과일을 말하면 박수 두 번을 짝짝! 쳐 주시면 되겠습니다! 사과! 짝짝! 박수 세 번을 향해서 올라갑니다. 제가 트로트 가수 이름을 말하면 짝짝짝! 해 주시면 됩니다. 태진아! 짝짝짝! 지금부터 집중해 주세요. 실전입니다. 소고기!

✔ 주의할 점

지도자도 편한 단어와 참여자도 반응하기 쉬운 단어를 선택한다.

프로그램 기능과 효과

우리의 뇌는 많은 정보를 저장하고 있지만 주기적으로 사용하지 않으면 쇠퇴할 수 있으며, 연상 단어 프로그램을 통해서 뇌를 자극하고 기억력을 향상시키는 치매 예방의 효과를 기대한다.

단순 암기보다 체계적인 놀이 프로그램을 통한 암기 훈련은 짧은 시간을 통해 장기간의 기억력을 향상시켜 주며 단순 암기한 결과에 비해 확연한 효과를 보여 주었다.[4] 또한 단순 암기를 반복하는 행위를 통해서 정신의학적인 의의로 인지적 자극을 유발하는 데 효과가 있었다.[5] 이런 측면에서 연상 단어 박수 프로그램은 노인의 기억 상실을 지연하고 기억력을 활성화시키는 데 기여할 것이다.

연상 단어 박수 프로그램 기능

1. 다양한 단어 기억력 증가
2. 놀이를 통한 빠른 단어 암기 향상
3. 암기 속도 증가
4. 기억력 활성화
5. 두뇌 자극

4. 손의 협응 박수 프로그램

손의 협응 박수 프로그램은 참여자들의 신선한 재미를 위해서 CF 광고에서 유명한 장면을 활용해 박수 프로그램으로 응용했으며, 단순하게 박수를 치는 행위가 아니라 일상생활에 친숙한 TV 광고의 시각적 이미지와 소리를 동작과 소리 언어로 만들어 함께 따라 하는 인지활동 프로그램이다.

👥 인원

1~300명

👥 참여 대형

의자형, 자유형

📋 준비물

상황에 따른 음향 장비

💡 목표

손 감각 기능 향상 및 인지력 향상

◯ 지도방법

① 지도자는 양손을 얼굴 높이로 들고 쥐었다 펴는 동작을 하면서 '썹고'라고 따라 하게 한다.

② 이어서 양손을 얼굴 높이에서 좌우로 흔들면서 '뜯고'라는 동작을 하면서 따라

하게 한다.

씹고 씹고 짝짝! / 뜯고 뜯고 짝짝! / 씹고 짝!
뜯고 짝! / 씹고 뜯고 짝짝!

ⓘ 지도 tip

방송 CF 음악을 활용해도 좋다. 시작 전, "박수를 쳐보겠습니다."라는 진행보다 스토리텔링 멘트를 통해서 건강에 대한 동기부여를 하는 것이 효과적이다.

🗨 리드멘트 예시

요즘같이 추울 때, 몸도 부들부들 떨리고 몸이 떨리니까 치아도 시린 거 같은 느낌이 들 때! 이보다 좋은 건강을 지키는 예방법은 없습니다. 여러분의 부들부들 떨리는 몸과 치아 건강을 위해서 맛있는 고기를 씹고 뜯으면서 영양분을 섭취하려고 합니다. 여러분, 고기 뜯을 때 어떻게 뜯으세요? (참여자의 반응) 저를 따라 하세요. (씹고 뜯고 지도자 동작 보여 주기) 이렇게만 매일 해 주시면 틀니가 없어도 고기가 뜯어집니다. 다음 시간에도 여러분의 치아 건강을 위해서 손으로 껌을 씹어 보겠습니다.

✓ 주의할 점

지도자가 시범을 보일 때 느리고 정확하게 동작을 보여 줘야 한다.

프로그램 기능과 효과

손은 뇌가 내리는 명령을 수행하는 운동기관일 뿐 아니라 뇌에 가장 많은 정보를 제공하는 감각기관이며, 손을 사용하면 전두엽에 자극이 가해지고, 그 과정에서 두뇌의 중추인 전두엽은 자극을 해석하는 것을 넘어서 창의력을 향상시킨다. 손의 협응 박수 프로그램은 이러한 기능을 활성화할 것이라 기대한다.

손을 사용함으로써 손 전체 기능의 향상과 인지기능을 활성화하는 동시에 함께 어울리는 공동체 프로그램 속에서 성취감과 만족감을 가지는 효과를 보였으며,[6] 치매가 있는 노인에게도 인지기능을 향상시키는 동시에 수단적 일상생활의 효과가 있었다.[7] 이런 면에서 손의 협응 박수 프로그램은 예방적 차원에서 의미 있게 적용될 것이다.

손의 협응 박수 프로그램 기능

1. 물건 조작력 향상
2. 정신적 분위기 전환
3. 창의적 활동을 통한 독창성 향상
4. 창의력 증강
5. 어휘력 증강

5. 감정 표현을 돕는 박수 프로그램

감정 표현을 돕는 박수 프로그램은 우울하고 자아존중감이 낮은 참여자들에게 다양한 감정을 표현하게 함으로써 슬프고 우울한 감정보다 웃으면서 놀이하는 감정이 중요하다는 것을 극과 극으로 비교해서 경험하게 하는 프로그램이다.

👥 인원

1~300명

👥 참여 대형

의자형, 자유형

준비물

상황에 따른 음향 장비

🔦 목표

자아존중감 향상 및 자신감 향상

▶ 지도방법

① 지도자는 '희, 로, 애, 락' 4개의 글자를 한 글자씩 뜻과 의미를 만들어서 말한다.
② 네 가지 감정의 표정과 동작을 알려 주고 따라 하게 한다.

기쁨 기쁨 짝짝! 분노 분노 짝짝! 슬픔 슬픔 짝짝! 즐거움 즐거움 짝짝!

기쁨 짝! 분노 짝! 슬픔 짝! 즐거움 짝!

기쁨, 분노, 슬픔, 즐거움 짝짝!

💡 지도 tip

지도자가 네 가지 감정을 표현하는 언어와 표정연기가 핵심이며, 놀이 종료 후에 멘트로 의미를 부여하면 좋다.

💬 리드멘트 예시

기쁨, 분노, 슬픔, 즐거움 네 가지 중에 어떤 감정이 제일 좋으셨어요? (참여자 대답) 오늘 함께 하고 계신 여러분은 인생을 살아오시면서 때로는 기뻤던 일, 슬펐던 일, 화가 났던 일, 즐거웠던 일들이 다 있으셨죠? (참여자 대답) 오늘 놀이를 통해서 앞으로는 '희, 로, 애, 락' 네 가지 중에서 '희!락!' 기쁘고 즐거운 일만 가득하셨으면 좋겠습니다.

✔ 주의할 점

지도자는 미리 준비해서 희, 로, 애, 락의 정확한 표정과 동작을 보여 줘야 한다.

👍 프로그램 기능과 효과

감정 표현을 돕는 박수 프로그램은 시원하게 표출하지 못했던 답답한 감정들을 표현하게 함으로써 해방감을 준다. 또한 지도자가 긍정적인 에너지의 감정을 가지고 지도함으로써 참여자는 활력을 얻고 기분 좋은 에너지와 자아존중감 및 자신감을 향상시키는 효과를 기대할 수 있다.

노인의 긍정적인 단어 선택을 통한 언어 표현은 정신적인 기능에 영향을 주고 신체적인 기능에도 그 영향이 고스란히 전달된다.[8] 손을 사용함으로써 손의 민첩성 향상과 노인의 일상생활을 수행하는 손동작과 균형감각을 개선시키는 데 효과가 있다.[9] 감정 표현을 돕는 박수 프로그램은 예방적 차원에서 기능한다.

감정 표현을 돕는 박수 프로그램 기능

1. 긍정적인 정신건강 변화
2. 긍정적인 에너지 상승
3. 신체적 기능 향상
4. 감정조절의 능력 향상
5. 자아존중감 향상

6. 숫자를 활용한 박수 프로그램

숫자를 활용한 박수 프로그램은 숫자 개념을 쉽고 재미있게 이해힐 수 있도록 한다. 복잡한 공식을 가진 숫자들이 뒤엉켜 있어서 어렵고 부담스러운 생각이 들 수 있으나 웃음과 흥미를 유발해 숫자를 친숙하게 만드는 프로그램이다.

👥 인원

1~300명

👤 참여 대형

의자형, 자유형

📔 준비물

상황에 따른 음향 장비

💡 목표

두뇌 암기력을 향상 및 순발력 향상

▶ 지도방법

① 지도자는 제시하는 층수에 맞게 박수를 한 번에서 세 번을 치게 한다.
② 1층! '짝' 2층! '짝짝' 3층! '짝짝짝'
③ 반대로 박수를 한 차례씩 줄여 나간다.
④ 3층! '짝짝짝' 2층! '짝짝' 1층! '짝'

⑤ 박수를 늘렸다가 줄여 나간다. (1, 2, 3, 2, 1 순으로)

⑥ 지도자의 진행에 맞춰 숫자만큼 올라갔다가 다시 내려온다.

♀ 지도 tip

놀이 시작 전, 스토리텔링 멘트를 준비해서 '엘리베이터'를 타고 백화점 쇼핑을 가거나 '계단'을 올라가면서 집을 들어가는 상황 등을 연출하여 멘트를 하면서 진행하면 효과적이다.

💬 리드멘트 예시

여러분, 날씨가 많이 풀리지 않아서 아직까지는 야외 나가서 구경하기가 어렵잖아요. 그렇죠? (참여자 반응) 그래서 오늘은 여기 계신 모든 분들과 실내 백화점을 구경 한번 시켜드리려고 합니다. 아쉽게도 상상하면서 놀이를 통해서 가 볼게요! 제가 돈만 많았으면 백화점을 사드리고 싶은 마음인데, 그래도 상상을 하시면서 함께 백화점을 가 볼게요! 백화점 3층에 봄 신상품이 들어와서 예쁜 티 하나 사러 갈게요! 무릎 안 좋으시니까 엘리베이터 타고 올라가 볼게요! 3층 올라갈 때는 박수 세 번을 짝! 짝짝! 짝짝짝! 이렇게 치시면 됩니다. 올라가 볼게요! 시작! 이제는 옷을 사고 배가 고파서 1층 푸드 코트로 내려올게요! 내려올 때는 반대로 짝짝짝! 짝짝! 짝! 내려오시면 돼요. 엘리베이터 왔습니다. 내려갈게요. 시작!

✔ 주의할 점

처음부터 높은 숫자의 박수보다 천천히 올라갔다 천천히 내려오는 연습을 한다.

👍 **프로그램 기능과 효과**

숫자를 활용한 박수 프로그램은 흥미를 유발해 순간적으로 집중하게 만들며, 의욕이 저하되어 있는 상태에서 벗어나 집중력을 요구하므로 집중과 흥미를 가지고 몰입을 통해 인지기능의 향상을 촉진한다.

우울감을 가진 노인들을 대상으로 레크리에이션 프로그램을 통해 우울감이 감소했으며 개별적으로도 표정과 행동 그리고 개인의 태도에 있어서 긍정적인 변화를 보여 줬으며,[10] 긍정적인 에너지를 생산하고 인지기능을 향상시켰다.[11] 숫자를 활용한 박수 프로그램은 어디서나 적용할 수 있다.

숫자를 활용한 박수 프로그램 기능

1. 정서적 흥미 유발
2. 몰입을 통한 만족감 체험
3. 창의적인 움직임 증가
4. 의욕 저하 회복
5. 숫자를 외우는 순간 암기력 향상

7. 동화를 활용한 단계별 박수 프로그램

동화를 활용한 단계별 박수 프로그램은 문자를 입체감 있게 목소리와 몸짓으로 전해 주는 구연동화와 같이 스토리텔링을 활용해 한 편의 구성된 이야기를 박수를 활용해 참여자에게 생동감을 전달하는 놀이 프로그램이다.

👥 인원

1~300명

👥 참여 대형

의자형, 자유형

📋 준비물

상황에 따른 음향 장비

🔍 목표

인지기능 향상 및 사회문화 학습 향상

▷ 지도방법

① 지도자는 참여자에게 오른손 주먹을 쥐고 가슴을 가볍게 때리면서 '쿵'이라고 동작과 목소리를 따라 하게 한다.
② 시범 후 손바닥을 마주보고 소리가 날 정도로 힘차게 '짝'이라고 시범을 보인다.

③ 지도자는 참여자에게 목소리와 동작을 따라 하라고 말한다.

④ 단계별로 목소리와 동작을 보여 준다. '쿵' 짝! '쿵' 짝! '쿵' 짝짝! '쿵' 짝!

아빠 킹콩: 멋있는 동작을 연출해서 터프한 목소리로 한다.

엄마 킹콩: 섹시한 동작과 섹시한 목소리로 한다.

아기 킹콩: 약간의 애교 있는 동작과 애교 있는 목소리를 담아서 한다.

갓난아이 킹콩: 옹알이를 하는 정도로 동작과 목소리를 심하게 귀엽게 한다.

☼ 지도 tip

지도자의 동작과 목소리 능력이 놀이의 분위기를 효과적으로 살려 준다.

💬 리드멘트 예시

퀴즈 문제를 내드릴게요! 정답을 알고 계시면 손을 들고 '건강'이라고 말씀해 주세요. 왕이 넘어지면 뭘까요? 힌트! 두 글자입니다. (참여자 반응 보고) 정답은? 킹콩! 정답입니다! 앞으로도 이렇게 맞춰 주시면 됩니다. 연습이었습니다. 본격적으로 시작하겠습니다. 앞에 계신 참여자께서 맞춰 주신대로 정답은 킹콩인데요. 오늘은 특별히 동물원에 나들이 오셨다고 생각하고 저를 봐 주세요! 동물원에 킹콩 가족이 살고 있는데요. 킹콩 가족이 많은 분들이 오셨다고 환영의 의미로 박수를 치면서 환호해 주는데, 어떻게 박수 치는지 알고 계세요? 따라 해 보세요! 아빠 킹콩은 가장이고 아빠니까 목소리가 터프하고 동작이 상당히 커요. (지도자의 동작과 목소리 시범)

✔ 주의할 점

지도자가 재미를 위해 킹콩을 열심히 따라 하려고 하다가 무리한 감정이입으로 말이 전달되지 않을 수 있으므로 킹콩을 흉내 내는 연기를 하면서도 말의 전달과 동작은 정확히 보여 줘야 한다.

프로그램 기능과 효과

　동화를 활용한 단계별 박수 프로그램은 놀이라는 그 자체가 주는 즐거움과 만족감으로 자발적인 집단의 참여가 이루어진다. 또한 사회문화를 학습하는 활동이 가능하며 지도자의 재치와 참여자의 흥미가 더해져서 즐거움과 만족감을 배로 만들어 준다.

　손을 활용하여 움직이는 프로그램은 손 기능을 향상시키며, 혈관 확장 및 혈액순환과 손 조직 내의 영양소를 원활하게 공급해 주는 효과를 보였다.[12] 지속적인 신체를 활용하고 두뇌를 활용한 놀이 프로그램은 인지기능을 유지시키며 균형 감각을 향상시켰다.[13] 이런 점에서 동화를 활용한 단계별 박수 프로그램은 예방적인 차원에서 손 기능과 신체 조직의 활성화에 기여할 것이다.

동화를 활용한 단계별 박수 프로그램 기능

1. 피로감 회복 및 활력 증가
2. 긍정적인 분위기 형성
3. 자아 발견
4. 자기표현 능력 향상
5. 체온 상승

8. 시리즈 박수 프로그램

시리즈 박수 프로그램은 레크리에이션 주의집중 게임의 기본 박수 동작 다섯 가지를 모아서 응용했으며, 한 가지 박수 동작을 가지고 하는 지루함에서 벗어나 음악을 통해 누구나 쉽게 따라 할 수 있는 두뇌를 자극시키는 프로그램이다.

👫 인원

1~300명

👥 참여 대형

의자형, 자유형

📓 준비물

상황에 따른 음향 장비

💡 목표

두뇌 활동 증진 및 기억력 향상

🕑 지도방법

① 지도자는 1번에서 5번까지의 박수 동작을 알려 주고 따라 하게 한다.

1번 '해병대 박수': 위에서 아래로 크게 반복하며 박수를 친다.
2번 'Z박수': Z 모양을 그리면서 위에 왼쪽 오른쪽, 밑에 왼쪽 오른쪽으로 친다.

3번 '징검다리 박수': 옆 사람 손바닥 위에 내 손을 치면서 박수를 친다.

4번 '하이파이브 박수': 옆 사람과 양손 손바닥을 하이파이브하면서 박수를 친다.

5번 '만세 박수': 양팔을 위로 직선으로 펴서 박수를 친다.

② 지도자는 4/4박자의 음악의 맞춰 중간 중간 번호를 부르며 해당 번호에 맞는 박수를 치게 한다.

☺ 지도 tip

음악은 4/4박자의 트로트 곡이 좋으며, 대표적으로 가장 많이 쓰이는 곡은 장윤정의 〈어부바〉, 설운도의 〈사랑의 트위스트〉, 박상철의 〈무조건〉, 추가열의 〈소풍 같은 인생〉 등이 있다.

💬 리드멘트 예시

지금부터 1번 박수부터 5번 박수 동작을 따라 해 보겠습니다. (1~5번 설명) 제가 음악에 맞춰서 노래를 부르다가 각 번호를 말씀드리면 번호에 맞는 박수 동작을 해 주시면 되겠습니다. 지금부터 음악과 함께 출발합니다.

✔ 주의할 점

박수 동작의 번호를 부를 때 헷갈리지 않게 천천히 불러 주는 것이 좋다.

👍 프로그램 기능과 효과

시리즈 박수 프로그램은 일상생활의 수행능력 부분에서 타인의 도움 없이 혼자서 할 수 있는 손 활동 운동과 손의 감각과 기능을 강화하는 역할을 할 것이다.

집단 구성원들과 함께하는 놀이를 통해서 노인 참여자들은 타인의 의사를 존중하고 긍정적인 정서를 많이 표현하고 자아존중감 증진에 효과를 나타냈다.[14] 개별적으로도 표정과 행동의 변화와 특히 집단 구성원들과의 상호작용 태도에 있어서 긍정적인 변화 효과가 있었다.[15] 이런 점에서 시리즈 박수 프로그램은 노인 참여자들의 손 기능과 정신건강 증진에 기여할 것이다.

시리즈 박수 프로그램 기능

1. 손 기능 감각 활성화
2. 일상생활 손 기능 향상
3. 긍정적인 표정과 행동의 변화
4. 친밀한 신뢰관계 상승
5. 혈액순환 촉진 효과

9. 나라별 박수 프로그램

나라별 박수 프로그램은 여러 나라에서 박수를 치는 유형을 언어와 동작으로 재미있게 응용해서 만든 프로그램이며, 기존 레크리에이션 주의집중 프로그램에서 지도자들에게 가장 많이 사용되며, 쉽게 따라 하는 동시에 웃음을 유발할 수밖에 없는 장점을 가진 프로그램이다.

👥 인원

1~300명

👤 참여 대형

의자형, 자유형

📋 준비물

상황에 따른 음향 장비

💡 목표

인지능력 향상 및 혈액순환 촉진

1) 나라별 국 끓이는 박수 프로그램

▶ 지도방법

① 지글지글: 양손을 가슴 높이로 들고 양손 바닥이 아래를 향하게 하고 손가락

을 '오므렸다 폈다' 한다.

② 보글보글: 양손을 가슴 높이로 들고 양손 바닥을 위를 향하게 하고 손가락을 '오므렸다 폈다' 한다.

③ 짝짝: 양손을 마주보고 소리가 날 정도로 힘차게 친다.

한국 국 끓이는 방법: 지글지글 짝짝! / 보글보글 짝짝!

지글 짝! / 보글 짝! / 지글 보글 짝짝!

일본 국 끓이는 방법: 지글이노상, 보글이노상

중국 국 끓이는 방법: 지글하오, 보글하오

북한 국 끓이는 방법: 끓이라우, 짜다우

☉ 지도 tip

찌개를 끓이기 위한 양념을 응용해서 추가해도 되고, 나라별 억양을 재미있게 살려 주는 부분이 포인트다.

💬 리드멘트 예시

여러분! 아침 식사는 하고 오셨어요? 아침에 뭐 드시고 오셨어요? (참여자에게 묻고 반응) 밥 먹을 때 제일 필요한 게 뭘까요? 반찬? 고기? 수저? 밥 먹을 때는 국이 제일이잖아요. 국 없으면 목이 막히고 밥도 안 들어가잖아요. 그래서 이번 시간에는 저랑 맛있는 국을 한번 끓여 볼게요. 무슨 국 끓여 볼까요? (참여자에게 묻고 반응) 곰국? 미역국? 잠깐만요! 추어탕? 혹시 전라북도 남원분이세요? 오늘은 추어탕을 남원 스타일로 한번 끓여 볼게요. 추어탕 끓이기 전에 뭐가 필요할까요? (참여자에게 묻고 반응) 미꾸라지? 소금? 부추? 시래기? 아니에요! 뚝배기 그릇이 있어야죠. 뚝배기 그릇 놓고, 이제는 재료 뭐 넣으면 될까요? (지도자의 다양한 멘트 첨가)

✓   **주의할 점**

나라별 국 끓이는 방법을 알려 주지 말고, 하나하나 스토리텔링 형식을 갖추고 일상 대화를 하면서 단계별로 진행한다.

2) 나라별 껌 씹는 박수 프로그램

▶   **지도방법**

① 오물오물: 양손을 가슴 높이로 들고 양손 바닥이 아래를 향하게 하고 손가락을 '오므렸다 폈다' 한다.

② 조물조물: 양손을 가슴 높이로 들고 양손 바닥을 위를 향하게 하고 손가락을 '오므렸다 폈다' 한다.

③ 짝짝: 양손을 마주보고 소리가 날 정도로 힘차게 친다.

한국 껌 씹는 방법: 오물오물 짝짝! / 조물조물 짝짝!

오물 짝! / 조물 짝! / 오물 조물 짝짝!

일본 껌 씹는 방법: 오물이노상, 조물이노상

중국 껌 씹는 방법: 오물하오, 조물하오

북한 껌 씹는 방법: 씹으라우, 단물 없다

💡   **지도 tip**

나라별로 지도자의 표정 연기가 들어가면 더욱 효과적이다. 그리고 박수 시작 도입 단계와 마지막 박수가 끝날 때 포인트를 살려 주면 좋다.

💬 리드멘트 예시

'대한민국 사람들이 껌 씹는 박수 준비!' 하면 '껌!'이라고 헤 주세요. 한국 껌 씹는 박수 시작! 오물오물 짝짝! / 조물조물 짝짝! / 오물 짝! / 조물 짝! / 오물 조물 짝짝! 마지막에는 이렇게 따라 하세요! (지도자의 모션) 늘리시면서 찌익짝!

일본 껌 박수: 끔! / 찌키노 짝

중국 껌 박수: 꼼! / 찍하오 짝

북한 껌 박수: 껌이야요! / 날래날래 씹으라 짝

✔ 주의할 점

지도자의 표정과 억양이 핵심이며, 지도자가 부끄러워하면 분위기가 살지 않는다.

👍 프로그램 기능과 효과

나라별 박수 프로그램을 통해서 기존 박수 프로그램에서 기대할 수 없었던 지도자의 우월한 지도 능력을 보여 줄 수 있으며, 지도자와 참여자의 마음의 문을 열 수 있는 가장 핵심적인 프로그램의 기능을 할 수 있다.

역동적인 언어를 활용한 놀이를 통해서 노인의 개인 의사소통 능력에 긍정적인 효과를 보여 줬다.[16] 나라별 박수 프로그램을 통해 치매의 예방적인 차원에서 효과를 기대할 수 있다.

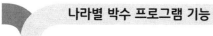

나라별 박수 프로그램 기능

1. 신진대사 활성화
2. 소극적인 자세에서 적극적인 자세로 전환
3. 지도자와의 신뢰관계 형성
4. 공동체 구성원들과의 신뢰 증진
5. 의사소통 능력 증진

🔟 종합 박수 프로그램

시험 문제에도 난이도를 정하는 것처럼 종합 박수 프로그램은 다양한 박수 동작을 섞어서 박수의 상위 난이도 프로그램으로 만들었다. 또한 공간의 대한 어려움과 진행의 대한 부담감 없이도 어디서나 손쉽게 따라 하고 진행할 수 있는 프로그램이다.

👥 인원

1~300명

👥 참여 대형

의자형, 자유형

📙 준비물

상황에 따른 음향 장비

💡 목표

신진대사 촉진 및 손 기능 향상

▶ 지도방법

① 유치원생 손자: 애교, 웃음 박수
  - 애교: 양손을 주먹 쥐고 볼에 놓는다.
  - 웃음: 치아가 보이게 웃으면서 손으로 얼굴을 받친다.

애교 애교 짝짝! / 웃음 웃음 짝짝! / 애교 짝! / 웃음 짝! / 애교 웃음 짝짝!

② 초등학생 손자: 곤지, 잼, 도리

　　– 곤지: 오른손 검지로 왼손바닥을 찌른다.

　　– 잼: 양손을 가슴 높이에서 쥐었다 편다.

　　– 도리: 머리를 좌우로 흔든다.

곤지 곤지 짝짝! / 잼 잼 짝짝! / 도리 도리 짝짝!

곤지 짝! / 잼 짝! / 도리 짝! / 곤지 잼 도리 짝짝!

③ 중·고등학생 손자: 오토바이 박수

　　– 넣고: 오른손으로 오토바이 열쇠를 잡고 넣는 동작을 한다.

　　– 돌리고: 오른손으로 오토바이 열쇠를 잡고 오른쪽으로 손목을 돌리는 동작을 한다.

　　– 시동: 양손을 오토바이 손잡이를 잡고 주먹을 쥐듯 양손을 부릉 하면서 돌린다.

넣고 넣고 짝짝! / 돌리고 돌리고 짝짝! / 시동 시동 짝짝!

넣고 짝! / 돌리고 짝! / 시동 짝! / 넣고 돌리고 시동 짝짝!

④ 대학생 손자: 지금까지 배운 것을 한꺼번에 다 해야 한다.

💡 지도 tip

대학생 손자 박수 유형 시범을 보일 때, 처음부터 마지막까지 정신없이 빠르게 하면 참여자들은 지도자의 우월한 시범으로 웃음이 유발된다.

💬 리드멘트 예시

여러분! 손자 손녀를 생각하시면 어떠세요? (참여자 반응) 보고 있어도 또 보고 싶고 귀엽고 사랑스럽고, 내 손자 손녀가 성공했으면 좋겠고 그러시죠? 손자 손녀도 나이를 먹고 하나둘씩 성장하는데, 오늘 배울 박수 놀이도 손자 손녀처럼 단계가 있습니다. 그래서 지금부터 한번 천천히 시작할게요. 먼저, 유치원 다니는 손자 있으세요? 유치원생 손자는 귀엽고 애교도 많고 아직 세상을 잘 몰라서 그냥 웃어요. 그래서 유치원생 박수는 애교 애교 짝짝! 웃음 웃음 짝짝! 이렇게 하시면 돼요.

✔ 주의할 점

지도자는 참여자가 헷갈리지 않게 천천히 점층적으로 지도한다.

👍 프로그램 기능과 효과

종합 박수 프로그램의 기능은 세 가지로 요약할 수 있다. 첫째, 누구나 '손바닥을 자극하는 박수 치기가 몸의 좋다'라는 인식을 알고 있다. 둘째, 가장 쉽게 따라 할 수 있고 지도할 수 있다. 셋째, 도구와 재료가 들지 않으며 참여자들이 지도자를 보고 따라 하는 동작이 뜻대로 일치되지 않고 틀릴 때 웃는 상황도 연출된다.

손을 활용한 프로그램은 근육의 협조와 개선, 속도의 단축, 관절의 운동범위 유지, 혈관성 치매 예방, 노인 환자의 우울증상 개선 및 기능 저하를 예방하는 데 효과가 있으며,[17] 양손의 근육 이완과 손 기능이 향상되었다.[18] 손을 활용한 종합 박수 프로그램은 노인의 신체 건강을 증진시키는 데 기여할 것이다.

종합 박수 프로그램 기능

1. 엔도르핀 증가
2. 암기력 증진
3. 자기표현력 향상
4. 근력 증강
5. 손 감각 발달

1) 접촉과 손 운동이 노년기 우울 감소에 미치는 영향에 대하여는 다음의 문헌을 통해 예방적 차원을 확인할 수 있다. 김양희, 김영철, 사공정규(2009). 아로마테라피 손 마사지가 입원 노인의 수면 및 우울에 미치는 효과. 대한예방한의학회지, 13(3), 73-85.

2) '치매환자에 대한 손 마사지 효과 연구'라는 주제로 한국간호과학회에서 총 48명의 평균 연령 76세 치매노인을 대상으로 연구를 했고, 이에 대한 효과와 연구결과는 다음 논문을 참고하라. 오진주(2000). 치매환자에 대한 손마사지 효과 연구. *Journal of Korean Academy of Nursing, 30*(4), 825-835.

3) 손을 부위별로 활용한 건강박수 프로그램의 예방적 차원의 논문은 다음을 참고하라. 김진락, 오영훈(2016). 치료레크리에이션 프로그램이 치매노인의 인지기능 및 스트레스에 미치는 효과성 연구. 상담심리교육복지, 3(1), 5-22.

4) 게임을 통한 암기 프로그램의 예방적 차원의 논문은 한국인더스티리얼디자인학회의 학술지에 수록된 논문을 통해 확인할 수 있다. 최인욱(2018). 기억술을 이용한 두뇌 훈련 게임 연구. 산업디자인학연구, 12(1), 149-158.

5) 예방적 차원에서 살펴보면, 사단법인 아시아문학학술원의 학술지에 수록된 논문을 통해서 기억의 활성화를 위한 문학적인 효과를 확인할 수 있다. 조희주, 이에스더(2019). 노년기 기억 활성화를 위한 문학치료 방안. 인문사회 21, 10(1), 1291-1304.

6) 손 기능훈련을 통한 효과들은 서울과학기술대학교 과학문화전시디자인연구소 한국과학예술융합협회 학술지를 통해서 볼 수 있다. 유수연, 황성걸(2015). 손 기능훈련이 노인의 인지력향상과 정서변화에 미치는 효과연구. 한국과학예술융합학회, 21, 261-272.

7) 치매 환자를 대상으로 한 연구를 통해서 예방적 차원의 효과를 기대할 수 있다. 김현기, 이민영, 김고운, 오혜원(2017). 전북지역 낮 병동 작업치료 융복합활동프로그램이 치매환자의 손기능, 인지기능 및 수단적 일상생활활동에 미치는 영향. 디지털융복합연구, 15(4), 511-519.

8) 남성 노인과 여성 노인의 감정조절에 대한 연구와 차이를 다음 논문에서 확인할 수 있다. 윤은경, 조윤득(2010). 노인의 감정조절이 삶의 질에 미치는 영향. 한국노년학, 1429-1444.

9) 다음 논문의 연구를 통해 향후 예방적 차원을 볼 수 있다. 박은식(2018). 레크리에이션 치료 프로그램이 치매노인들의 인지기능과 균형감각에 미치는 영향. 디지털융복합연구, 16(9), 391-397.

10) 치료레크리에이션 프로그램 입증 4단계, 즉 사정-계획-실행-평가의 절차를 통해 예방적 차원을 기대한다. 김현나(2015). 치료레크리에이션이 노인의 우울감 변화에 미치는 영향. 한국여가레크리에이션학회지, 39(1), 112-124.

11) 숫자를 활용한 요소의 프로그램들과 예방적 차원의 논문에서 향후 효과도 기대한다. 정지향(2007). 기억력 저하 노인환자, 어떻게 한 것인가? 대한임상노인의학회지, 8(3), 352-362

12) 손 마사지의 전문적인 예방적 입증에 대한 논문은 다음에서 확인할 수 있다. 이명해(2005). 노인성질환의 예방 및 재활 치료를 위한 건강 마사지에 관한 연구. 부산여자전문대학 논문집, 27, 443-493.

13) 다음 논문을 통해 예방적 차원의 입증을 볼 수 있다. 박은식(2018). 레크리에이션 치료 프로그램이 치매노인들의 인지기능과 균형감각에 미치는 영향. 디지털융복합연구, 16(9), 391-397.

14) 집단 구성원들의 놀이를 통한 효과적인 내용은 다음 논문을 통해서 예방적 차원의 효과를 확인할 수 있다. 김윤경(2010). 집단치료놀이가 여성독거노인의 자아존중감에 미치는 효과. 한국놀이치료학회지, 13(4), 153-169.

15) 레크리에이션 놀이 프로그램이 노인들의 일상적인 변화에 영향을 주는 것에 관한 부분은 다음 논문에서 예방적인 효과를 볼 수 있다. 김현나(2015). 치료레크리에이션이 노인의 우울감 변화에 미치는 영향. 한국여가레크리에이션학회지, 39(1), 112-125.

16) 역동적인 언어를 활용한 예방적인 차원에 대한 논문은 다음을 참고하라. 오현경, 강수균, 이현혜, 최경희, 박선희(2006). 역동적 언어 훈련 프로그램이 알츠하이머형 치매노인의 의사소통 능력 향상에 미치는 효과. 특수교육재활과학연구, 45(1), 203-222.

17) 손을 활용한 운동법 프로그램의 관한 예방적 차원의 논문은 다음에서 확인할 수 있다. 정민영, 박천규, 손명동(2010). 오감 자극 노인성 치매 예방 프로그램. 한국콘텐츠학회 종합학술대회 논문집, pp. 594-600.

18) 손을 활용한 기능 향상 부분은 다음의 학술지를 통해 예방적 차원의 내용을 확인할 수 있다. 이영은, 홍숙자(2009). 상담일반: 게임활동을 접목한 집단미술치료가 뇌졸중 노인의 손기능과 대인관계에 미치는 효과. 상담학연구, 10(1), 1-16.

제6장

관계 촉진 프로그램

1. 안마를 활용한 관계 촉진 프로그램

2. 손 협응을 활용한 관계 촉진 프로그램

3. 상체를 활용한 관계 촉진 프로그램

4. 접촉을 활용한 관계 촉진 프로그램

5. 단체 관계 촉진 프로그램

6. 신체활동을 통한 관계 촉진 프로그램

7. 스티커 등을 활용한 관계 촉진 프로그램

8. 풍선을 활용한 관계 촉진 프로그램

9. 과자를 활용한 관계 촉진 프로그램

10. 몸짓을 통한 관계 촉진 프로그램

1. 안마를 활용한 관계 촉진 프로그램

안마를 활용한 관계 촉진 프로그램은 초면의 어색하고 서먹서먹한 분위기를 깨서 새롭게 바꾸는 아이스 브레이킹(ice breaking)의 일종이다. 일반적으로 산업교육에서 마음의 문을 열기 위한 인간관계 훈련이나 인사소개 프로그램으로 주로 사용된다. '안마'는 분위기 전환과 관계 형성의 핵심 놀이다.

👥 인원

2~300명

👤 참여 대형

의자형, 자유형

📋 준비물

상황에 따른 음향 장비

💡 목표

관계 형성 및 관계 개선

🔘 지도방법

① 참여자들에게 우향우를 한 생태로 오른쪽 참여자에게 '어깨 주무르기' '등 두드리기' '등 긁기'의 세 가지 안마 동작을 하게 한다.
② 이와 같이 반대편 사람에게 안마 동작을 똑같이 한다.

🔆 지도 tip

안마 동작 전에 부위마다 멘트를 해 주는 것이 좋은데, 예를 들어 "가마솥에 누룽지 박박 긁어서 형님 먹고! 나 먹고!"라는 식으로 등을 긁으면서 재미있게 표현해도 좋다.

💬 리드멘트 예시

지금부터 오른쪽으로 우향우하겠습니다. 앞에 계신 분의 어깨에 손을 올려서 그동안 고생하셨다고 시원하게 어깨를 주물러 보겠습니다. 시작! 이번에는 답답하고 스트레스 확 풀어 버리시라는 의미로 등을 시원하게 두드려 보겠습니다. 시작! 이번에는 모든 일이 시원하게 풀리라고 등을 긁어 보겠습니다. 시작!

✓ 주의할 점

지도자는 안마 시 힘을 너무 주지 않도록 이야기한다.

👍 프로그램 기능과 효과

안마를 활용한 관계 촉진 프로그램은 집단 구성원 전체가 서로를 편안하게 만들어 주며 자연스러운 관계를 형성하며 프로그램을 통해 마음을 쉽게 열 수 있게 만드는 효과적인 프로그램이다.

어깨를 주무르는 행위는 신체 조직의 심부에 자극이 전달되어 혈류와 림프의 순환을 촉진하며, 두드리기 행위는 근육의 수축력 증가와 자율신경계의 기능 조절을 해 주며 피로를 경감시키고, 지압과 피부 표면을 긁기를 통해서도 체온 상승 작용과 근육의 힘을 증가시켰다.[1] 이런 면에서 안마를 활용한 관계 촉진 프로그램은 신체 건강과 대인관계 촉진에도 기여할 것이다.

안마를 활용한 관계 촉진 프로그램 기능

1. 혈류와 림프의 순환
2. 근육의 수축력 증진
3. 관계 형성 촉진
4. 피로 경감
5. 체온 상승 및 근육 힘 증진

2. 손 협응을 활용한 관계 촉진 프로그램

손 협응을 활용한 관계 촉진 프로그램은 손을 활용한 경쟁 놀이다. 2인 1조로 '놀이' 규칙과 규범 속에서 참여자 간의 신뢰를 증진시키고 경쟁을 통해서 무기력한 상태를 환기시키고 새로운 활력을 주는 프로그램이다.

👥 인원

2~300명, 2인 1조

👤 참여 대형

의자형, 자유형

📱 준비물

상황에 따른 음향 장비

💡 목표

관계 형성 및 신뢰 증진

⭕ 지도방법

① 2명이 서로 마주 본 채로 오른손을 마주 잡고 엄지를 세운다.
② 시작! 신호에 따라 자신의 엄지로 상대편 엄지를 누르면 이긴다.

💡 지도 tip

열을 세는 대신 '무궁화 꽃이 피었습니다' 등의 열 글자 문장을 만들어 마지막 순간에 잡도록 하면 다른 의미의 교육도 될 수 있다. 음악을 이용해서 '잡아'라는 신호에 손가락을 잡도록 하면 또 다른 재미를 준다.

💬 리드멘트 예시

여러분! 예쁘고 잘생긴 10개 손가락을 펴 보세요. 이 중에서 제일 마음에 드시는 손가락 하나만 펴 보세요. 가운데 손가락은 욕을 하는 것 같은 기분이라서 그거는 빼고 펴 볼게요. 제가 하나, 둘, 셋! 하면 마음에 드는 손가락을 펴 보세요. 하나, 둘, 셋! 손가락별로 뜻이 있는데 지금부터 알려드릴게요. 검지는 지적을 잘하시는 분들이 많습니다. 새끼는 약속을 잘 지키는 분들이 많습니다. 약지는 결혼을 잘하신 분들이 많습니다. 그래도 혹시나 가운데 손가락 마음에 드시는 어르신 계세요? (참여자 반응) 자기주장이 확실한 사람들이래요. 다음 엄지를 펴신 분들 손 들어 보세요. 엄지는 긍정적인 손가락입니다. 그래서 저도 엄지를 제일 좋아하는데요. 이번 시간에는 옆에 계신 분이랑 짝을 만들어서 긍정적인 엄지를 펴서 '예쁘다! 잘생겼다! 최고다!'라고 긍정적인 말을 해 볼게요! 시작! 이번에는 옆에 계신 분과 누가 예쁘고 잘생기고 최고인지 알아보겠습니다.

✔ 주의할 점

지도자는 놀이의 승패를 떠나서 반드시 칭찬을 해야 한다.

👍 프로그램 기능과 효과

손 협응을 활용한 관계 촉진 프로그램은 어색한 관계를 무너뜨리고 새로운 신뢰의 관계를 쌓으며 교육적 · 사회적 · 환경적 · 생리적 · 휴식적 요인을 향상시키며,

사회적인 인적 네트워크를 형성 후 관계의 폭을 넓혀 가는 경험을 하게 한다.

노인 집단 구성원과의 여가 활동은 정서 상태와 신체 상태 기능을 행복한 기능으로 전환시켜 주며, 대인관계의 가치인식 변화와 긍정적인 효과를 주었다.[2] 또한 집단 구성원과의 신체적 활동을 통해서 신체기능이 향상되며, 일상생활의 수행능력과 인지기능이 향상되었다.[3] 이런 면에서 손 협응을 활용한 관계 촉진 프로그램은 예방적인 차원에서 건강 증진의 최적화된 모습을 보여 줄 것이다.

손 협응을 활용한 관계 촉진 프로그램 기능

1. 부정적인 생각에서 긍정적인 생각으로의 전환
2. 관계의 두려움 극복
3. 신체 능력 향상
4. 문제 해결 능력 향상
5. 손 사용 능력 향상

3. 상체를 활용한 관계 촉진 프로그램

상체를 활용한 관계 촉진 프로그램은 집단 구성원의 조직력을 강화하고 2인 1조로 짝을 지어 신뢰를 증진하는 프로그램이다. 기존 레크리에이션 프로그램에서 '텔레파시'와 '찰떡궁합'이라는 제목으로 많이 사용되는 대표적인 관계 촉진 놀이다.

👥 인원

2~300명, 2인 1조

🧍 참여 대형

의자형, 자유형

📔 준비물

상황에 따른 음향 장비

💡 목표

소속감 부여 및 긍정적인 생각 전환

▶ 지도방법

① 지도자는 참여자들을 두 사람씩 등을 대고 앉게 한다.
② 지도자는 '돌려'라는 구호에 맞춰 참여자들에게 고개를 돌리라고 말한다.
③ 참여자들은 '돌려'라는 구호에 고개를 돌린다.
④ 두 사람이 고개를 돌린 방향을 일치시키면 이기는 놀이다.

🔘 지도 tip

지도자는 하나, 둘, 셋! 또는 자신이 정한 구령에 맞춰 고개를 돌리게 만들어야
한다.

💬 리드멘트 예시

등을 맞대시고 '하나, 둘, 셋!' 하면 최대한 같은 방향으로 고개를 돌려 주세요! 얼
마나 텔레파시가 잘 통하는지, 궁합이 잘 맞는지 보겠습니다. 가끔 같은 방향으로
고개 돌리시다가 서로 얼굴을 보고 놀라시는 분들도 계시고 입술과 입술이 닿는 분
들 계세요. 조심하세요. 지금부터 시작합니다. 하나, 둘, 셋! (이 놀이에서는 멘트가
굳이 필요 없다. 참여자들이 다른 방향으로 고개가 엇나가면 웃고 일치하면 일치한 대로 너
무 좋아서 웃는, 자연스러운 웃음 유발이 저절로 되기 때문이다.)

✔ 주의할 점

다섯 번을 넘기면 지루해지며, 지도자는 참여자들의 속도에 맞춰 진행을 한다.

👍 프로그램 기능과 효과

상체를 활용한 관계 촉진 프로그램은 나 자신을 사랑하고 집단 구성원들과의 신
뢰를 쌓으면서 '나'에서 '남'을 알아 가고, 시너지 효과를 통해 놀이는 혼자 할 수 없
고 '놀이는 관계중심의 목적을 가지고 있다'는 생각으로 전환하게 할 것이다.

집단 구성원과의 놀이를 통한 스킨십은 친밀감을 형성하고 자기표현력과 자아
존중감을 효과적으로 상승시키며, 피부 접촉을 통한 가장 인간적인 의사소통이 된
다.[4] 스킨십 놀이를 통해서 노인은 흥미가 유발되고 적극적으로 참여함으로써 정서
적 자극과 운동자극의 효과 및 우울증 개선 효과가 있었다.[5] 이런 면에서 상체를 활
용한 관계 촉진 프로그램은 예방적 기능으로 작용할 것이다.

상체를 활용한 관계 촉진 프로그램

1. 우울증 예방
2. 공동체 친밀감 형성
3. 공동체 의사소통 능력 향상
4. 자기표현 능력 향상
5. 개인 몰입도 증진

 4. 접촉을 활용한 관계 촉진 프로그램

접촉을 활용한 관계 촉진 프로그램은 신뢰관계 증진과 관계 회복을 중심으로 집단 구성원들의 조직력과 긍정적인 정서 향상을 중심으로 운영한다. 집단 구성원 개인의 에너지를 상호작용하여 생기는 시너지의 효과를 위한 놀이다.

👥 인원

2~300명

👤 참여 대형

의자형, 자유형

🧴 준비물

상황에 따른 음향 장비 및 음악

💡 목표

신뢰관계 증진 및 긍정적인 에너지 상승

▶ 지도방법

① 오른쪽에 있는 참여자들 어깨에 양손을 얹고 '따르릉' 하면서 따라 하게 한다.
② 반대편 왼쪽에 있는 참여자들 어깨에 양손을 얹고 '짜르릉' 하면서 따라 하게 한다.
③ 지도자는 좌우로 충분히 지도한 후 헷갈리게 하면서 지시에 속도를 낸다.

☺ 지도 tip

트로트 중 김영철의 〈따르릉〉이나 동요 〈자전거〉 〈따르릉 따르릉 전화 왔어요〉
를 부르면서 지도자는 동작을 반대로 해서 참여자들에게 웃음을 유발할 수 있다.

💬 리드멘트 예시

요즘 같은 날에는 자전거를 타고 한강을 가거나 근처 공원을 가면 건강에 좋습니
다. 이번 시간은 저와 자전거를 타고 운동을 하겠습니다. 제가 맨 앞에 서서 운전
을 하겠습니다. 제 뒤로 30명이나 타고 오셔야겠네요. 앞에 있는 저를 너무 믿고 아
무것도 안 하시면 안 돼요! 같이 자전거를 움직이셔야 합니다. 제가 '따르릉!'이라고
하면 오른쪽에 계신 분의 어깨에 손을 얹으시고 주물러 주시면 돼요. 반대로 '짜르
릉!'이라고 하면 왼쪽에 계신 분의 어깨에 손을 얹으시면 됩니다. 연습해 보겠습니
다. 따르릉! 따르릉! 짜르릉! 짜르릉! 시작도 안 했는데 큰일났습니다. 이렇게 하시
면 돼요. 본격적으로 해 볼게요. 준비! (단계별 진행이 필요하며, 익숙해질 때 노래를 통
해서 지도하면 더욱 효과적이다.)

✔ 주의할 점

지도자는 참여자들과 마주 보고 서 있으므로 지도자가 서 있는 방향을 생각해서
지도자의 우향우는 참여자들에게 좌향좌, 지도자의 오른손은 참여자들에게 왼손임
을 고려해서 참여자들을 지도한다.

👍 프로그램 기능과 효과

접촉을 활용한 관계 촉진 프로그램은 목표점과 방향점이 같은 사회적 인적 네트워크를 형성하고, 답답한 생각과 마음의 문제에서 자유롭게 벗어나고 생활 속 스트레스를 해소하는 기능을 할 수 있다.

맨손으로 피부에 물리적인 자극을 가하여 접촉함으로써 친밀감 형성이 증진되고 정서적 만족감으로 구성원들과의 인간적인 유대관계를 강화하였다.[6] 신체를 자극함으로써 신체기능 유지에 도움이 되며 운동기능을 향상시켰다.[7] 이런 면에서 접촉을 활용한 관계 촉진 프로그램은 활력을 주고 친밀감과 관계를 형성하는 데 기여할 것이다.

접촉을 활용한 관계 촉진 프로그램 기능

1. 정신건강 증진
2. 친밀감 형성
3. 신체 자극으로 인한 신체기능 유지
4. 인간적 유대 강화
5. 심신 활력 증진

5. 단체 관계 촉진 프로그램

　단체 관계 촉진 프로그램은 집단 구성원들과의 첫 대면 프로그램의 핵심으로서 섞임 놀이를 통해 소수만이 아닌 전체가 신뢰관계를 형성하는 놀이다.

인원

2~300명, 2인 1조

참여 대형

의자형, 자유형

준비물

상황에 따른 음향 장비

목표

전체 관계 형성 및 신뢰감 증진

지도방법

① 지도자는 참여자들을 일어서서 둘씩 마주 보고 가위바위보를 하게 한다.

② 진 사람은 지도자가 '그만'이라고 할 때까지 이긴 사람을 칭찬하게 한다.

③ 이긴 사람은 칭찬을 해 준 사람에게 "칭찬해 주신 당신이 최고입니다."라고 말을 하게 한다.

④ 대답이 끝나면, 참여자들은 짝을 바꾸어 인사하며 같은 방법으로 놀이를 한다.

☺ 지도 tip

지도자는 가위바위보를 하는 방법을 정확히 설명하고, 칭찬을 어색해하는 노인 참여자들을 위해 칭찬 멘트 방법을 간단히 알려 주며, 칭찬을 세 가지 이상 해야 한 다고 알려 준다.

💬 리드멘트 예시

우리나라 속담에 '칭찬은 고래도 춤추게 한다'라는 속담을 알고 계시죠? 그만큼 칭찬이 얼마나 좋은지, 오죽하면 고래도 춤을 추겠어요? 요즘 시대는 칭찬받고 싶 어도 세월이 빨라서 세월이 야속한데 가는 세월 붙잡지는 못해도 칭찬으로 가는 세 월도 칭찬하는 시간을 가져보겠습니다. (멘트 중간 생략) 가위바위보에서 진 분은 이긴 분을 칭찬해 주셔야 하는데, 무조건 세 가지 이상 해 주세요. 그런다고 "어머 코가 너무 예쁘십니다. 진짜십니까?" 이런 칭찬하시면 안 됩니다. 어떻게 하시냐 면 "당신의 눈을 본 순간, 눈 속에 호수가 있는 줄 알았어요. 너무 아름다우십니다." "당신의 얼굴을 보니 보고 또 봐도 매력적인 얼굴이십니다." "당신의 옷 스타일을 보니 사람을 행복하게 만들었습니다."이렇게 해 주셔야 돼요.

✔ 주의할 점

일어나서 해야 하기 때문에 참여자들의 안전을 확보해야 하며, 놀이에 대한 정확 한 안내를 해야 한다.

👍 프로그램 기능과 효과

단체 관계 촉진 프로그램은 승자와 패자를 가려야 하는 경쟁이라는 의미가 포함 된 놀이에 놀이의 규칙을 적용함으로써 패자도 아우르는 기능을 함과 동시에 전체 구성원들의 관계를 촉진할 것이라 기대한다.

전체 구성원들과의 놀이 프로그램은 우울감에서 행복감으로 전환하며, 대인관계 능력을 놀이 전과 후로 나누어 개선될 수 있음을 배움으로써 집단의 활력을 불어 넣고 개인의 인지능력이 향상되었다.[8] 이러한 면에서 단체 관계 촉진 프로그램은 공동체 전체의 관계를 형성하는 촉진제 역할을 할 것이다.

단체 관계 촉진 프로그램 기능

1. 긍정적인 사고의 전환
2. 대인관계 능력 증진
3. 자아개념 수립
4. 인적 네트워크 형성

6. 신체활동을 통한 관계 촉진 프로그램

신체활동을 통한 관계 촉진 프로그램은 동적인 활동 프로그램으로 집단 구성원들과 신체적·정신적 건강을 향상시키고, 구성원들과의 조직력을 향상시키는 놀이다.

🧑‍🤝‍🧑 인원

2~300명

🧑‍🤝‍🧑 참여 대형

자유형

준비물

상황에 따른 음향 장비, 고무신, 점수 과녁 또는 과녁을 대체할 물건, 출발선, 선물

💡 목표

조직력 및 사회성 증진, 신체적·정신적 건강 회복

◎ 지도방법

① 지도자는 참여자들을 신발을 던질 선에 한 줄로 세운다.
② 지도자가 직접 그리거나 준비한 과녁판 안에 던진 신발이 들어오면 이기는 놀이다.

☺ 지도 tip

신발 멀리 날리기, 눈을 감고 날리기, 장애물 통과시키기, 특정 물건에 신발을 넣기 등 다양한 방법을 쉽게 연출할 수 있다.

💬 리드멘트 예시

(신발 던질 과녁을 설치한 후) 지금부터 신발을 빨간색 과녁판 가운데 가장 가까이 던지신 팀에게 선물을 드리겠습니다. 자신 있는 발로 신발을 한 번만 던지셔야 하는데, 양발로 던지시는 분들이 계시고 발이 말을 안 듣는다고 손으로 던지시거나 승부욕 때문에 직접 오셔서 손으로 툭 놓고 가시는 분들이 계시는데 오늘은 안 됩니다. 승패를 정확하게 판단하겠습니다. 먼저, 1번 참여자부터 신호에 맞춰 던져주세요!

✔ 주의할 점

신체활동을 통한 프로그램은 참여자들의 신체 상태와 안전을 생각한다.

👍 프로그램 기능과 효과

신체활동을 통한 관계 촉진 프로그램은 참여자들에게 집단의 소속감을 부여함으로써 개인의 '소외감'에서 집단의 '행복감'으로 변화하는 기능을 수행하며, 신체활동을 통해 운동 부족으로 인한 질환을 억제하는 데 도움을 주고, 일상생활의 수행능력을 유지하게 한다.

노인의 참여 놀이 프로그램은 자기표현의 욕구, 자기안정의 욕구, 집단참여의 욕구, 신체활동의 욕구를 충족시킬 뿐 아니라 원초적인 감성을 발산하여 정화시키는 역할을 하고, 상호관계 지속과 고독감·소외감을 예방하는 효과가 있었다.[9] 이런 면에서 신체활동을 통한 관계 촉진 프로그램은 노인의 심리적·정서적 차원에서 예방적 기능을 할 것이다.

신체활동을 통한 관계 촉진 프로그램 기능

1. 집단참여 욕구 충족
2. 판단 능력 향상
3. 사회참여 기회 부여
4. 일상생활 신체기능 향상
5. 우울증 개선

7. 스티커 등을 활용한 관계 촉진 프로그램

스티커 등을 활용한 관계 촉진 프로그램은 작은 도구를 이용해서 관계를 형성하고, 놀이를 통해 '뻔'한 관계 프로그램이 아니라 '펀(fun)'한 놀이다. 단순히 관계만 형성하는 것이 아니라 관계를 형성한 구성원들과 놀이적 요소와 사회적 요소의 경쟁에도 참여함으로써 다양한 경험을 할 수 있다.

인원

2~300명, 2인 1조

참여 대형

의자형, 자유형

준비물

상황에 따른 음향 장비, 스티커(또는 고무줄, 머리핀), 선물

목표

관계 형성 및 건강한 신체활동 촉진

지도방법

① 지도자는 참여자들을 둘씩 마주 보고 가위바위보를 하게 한다.
② 가위바위보를 통해 이긴 사람이 진 사람의 팔 또는 얼굴에 스티커를 붙이게 한다.

③ 이러한 방법으로 지도자의 신호에 맞춰 진행한다.

④ 팔 또는 얼굴에 스티커가 가장 많이 붙어 있는 참여자를 선발해 꼭두각시상을 준다.

⑤ 스티커가 가장 적게 붙어 있는 참여자에게도 상을 준다.

💡 지도 tip

참여자를 인터뷰하는 것도 효과적이며, 지도자는 참여자가 반드시 몇 명을 만나야 하는지 설명한다.

💬 리드멘트 예시

오늘은 한 분이 다섯 분을 만나서 가위바위보를 하겠습니다. 이기신 분은 지신 분의 얼굴에 스티커 5개를 예쁘게 붙여 주세요. 얼굴이 싫으신 어르신은 말씀해 주시면 손이나 옷에 예쁘게 붙여 드립니다. 아주 가끔 시력도 안 좋으신데 장난으로 양쪽 눈에 붙이시는 분들이 계십니다. 저번에는 양쪽 콧구멍에다가 붙여서 하마터면 웃음바다가 눈물바다 될 뻔했던 적도 있으니까 눈이랑 콧구멍은 빼고 붙여 주세요.

✓ 주의할 점

지도자는 스티커 말고도 이긴 사람과 진 사람을 구분할 수 있는 간단한 도구(고무줄, 머리핀)를 이용하면 된다.

👍 프로그램 기능과 효과

스티커 등을 활용한 관계 촉진 프로그램은 놀이가 대인관계를 지속하게 하고, 순간순간 변화하는 구성원들의 마음을 알아 가며, 개인의 신체적 활동과 대인관계 형성 기능을 할 것이라 기대한다.

　신체활동 놀이는 개인의 감성의 발달을 높이고, 조직문화 인식과 조직 유효성의 인과적 관계의 긍정적인 효과를 준다. 또한 자신을 통제함으로써 구성원들의 감정을 살피는 데 효과를 나타내며,[10] 신체 능력을 향상시키는 동시에 균형감각을 증진시켰다.[11] 이러한 면에서 스티커 등을 활용한 관계 촉진 프로그램은 비약리적고 예방적 차원의 촉진 기법으로 기여할 수 있을 것이다.

스티커 등을 활용한 관계 촉진 프로그램 기능

1. 일상생활 균형감각 향상
2. 관계를 통한 감정 성숙
3. 타인과 대인관계 지속
4. 개인의 대인관계 인식 변화
5. 신체활동 증진

8. 풍선을 활용한 관계 촉진 프로그램

　풍선을 활용한 관계 촉진 프로그램은 아동기부터 노년기까지 누구나 사용했던 풍선이라는 도구를 활용해서 관계를 형성하는 프로그램으로, 집단 구성원들이 혼자만의 힘과 기술로 프로그램에 참여하는 것이 아니라 상대방의 부족함을 채워 주고 보듬어 가는 관계 촉진 놀이다.

인원

6~300명, 최소 3인 1조

참여 대형

의자형, 자유형

준비물

상황에 따른 음향 장비, 풍선

목표

신뢰 형성 및 신뢰 증진

지도방법

① 참여자들을 1열로 일어서게 하거나 의자에 앉게 한다.

② 얼굴 크기만큼 풍선을 불어서 묶게 한다.

③ 맨 앞에 있는 참여자는 풍선을 양손으로 들고 정면을 본 상태로 팔로만 뒤로

전달한다.

④ 맨 뒤에 있는 참여자부터 다시 앞으로 전달해서 맨 앞에 있는 참여자에게 풍
선이 가장 빨리 도착해야 한다.

⚲ 지도 tip

풍선이 터지면 탈락되며, 익숙해지면 재미를 위해서 앞에서 뒤로 갔다가 다시 앞
으로 왔다가 오른쪽으로 갔다가 다시 왼쪽으로 응용해서 진행하면 더욱 재밌다.

💬 리드멘트 예시

이번 시간은 단합이 가장 중요합니다. 풍선을 맨 앞에 계신 분부터 차례대로 뒤
로 넘겨서 맨 뒤에 있는 분이 다시 앞으로 전달하셔서 제일 빠르게 풍선이 도착하
는 팀이 이기게 됩니다. 먼저 연습게임을 통해서 몸을 한번 풀어 볼게요. 준비, 시
작! 난리가 났는데요. 풍선을 터뜨리시거나 풍선을 바로 뒤에 계신 분을 건너뛰고
맨 뒤에 계신 분한테 전달하시면 인정이 되지 않습니다. 본격적으로 준비하시고 시
작하겠습니다.

✔ 주의할 점

풍선 터지는 소리가 무서운 참여자도 있기 때문에 풍선에 대한 안전을 각별히 언
급해 주면 좋다.

👍 프로그램 기능과 효과

풍선을 활용한 관계 촉진 프로그램은 참여자 간에 서로를 신뢰하고 협동하면서
주어진 문제를 헤쳐 나가는 행복감과 소속감을 경험하게 하는 기능을 할 것이다.

구성원들의 관계를 통한 놀이는 심리적·교육적·사회적 만족감에 영향을 주고,
신체를 역동적으로 움직임으로써 관계 형성의 기대효과를 보였으며,[12] 풍선을 통해

호흡곤란 감소와 폐활량을 증가시켰다.[13] 이런 면에서 풍선을 활용한 관계 촉진 프로그램은 신체 및 정신 건강에 기여할 것이다.

풍선을 활용한 관계 촉진 프로그램 기능

1. 움직임을 통한 신체 건강 증진
2. 의사소통 능력 향상
3. 폐활량 증가
4. 호흡곤란 감소
5. 정신적 건강 회복

9. 과자를 활용한 관계 촉진 프로그램

과자를 활용한 관계 촉진 프로그램은 구성원들의 의사소통 능력, 문제 해결 능력, 움직임을 통한 신체훈련을 목적으로 하는 프로그램이다. 주어진 시간 안에 구성원들 간의 '경쟁'이 아니라 '경험'을 토대로 문제 해결 방안을 모색하는 놀이다.

인원

6~100명, 최소 3인 1조

참여 대형

의자형, 자유형

준비물

상황에 따른 음향 장비, 플라스틱 숟가락, 둥근 모양의 과자(예: 오징어땅콩, 홈런볼)

목표

움직임 증강 및 신체를 통한 의사소통 능력 향상

지도방법

① 지도자는 참여자들을 1열로 일어서게 하거나 의자에 앉게 한다.

② 지도자는 참여자들에게 숟가락을 나누어 준다.

③ 맨 앞에 참여자에게는 숟가락으로 운반할 수 있는 과자를 준다.

④ 제한시간을 정하여 맨 처음 참여자부터 맨 뒤 참여자까지 과자를 이동하는 놀이다.

⑤ 제한시간 경과 후, 과자 개수가 가장 많은 팀이 이긴다.

💡 지도 tip

과자가 중간에 떨어지면 다시 처음부터 해야 한다. 과자는 '오징어땅콩' '홈런볼' 같은 동그랗게 생긴 과자류가 좋다.

💬 리드멘트 예시

지금부터 시작하겠습니다. 과자를 옆 사람에게 숟가락을 이용해서 옮기셔야지 과자가 올라간 숟가락 자체를 옮기시면 안 돼요. 아시겠죠? 그리고 제가 분명히 과자 개수를 정확히 세고 있는데 반대 팀 갔다 오면 과자 개수가 달라져 있어요. 흘리셨나? 하고 생각해 보면 입속에 들어가 있더라고요. 간식으로 드시고 싶어도 조금만 참아 주세요. 개수를 제가 다 세고 나면 드셔도 됩니다. 물론 그 사이에 꿀꺽하시면 답은 없습니다.

✔ 주의할 점

과자의 크기가 숟가락의 크기보다 커서는 안 된다.

👍 프로그램 기능과 효과

과자를 활용한 관계 촉진 프로그램은 혼자 하는 놀이가 아니라 함께하는 놀이를 통해 서로의 실수를 보완하고 보듬고 이겨 냄으로써 성취감을 맛보고 자연스러운 조직력과 대인관계를 형성하게 하는 놀이다. 함께 하는 모든 과정을 통해 대인관계 증진과 신뢰감을 쌓을 수 있다.

　　구성원들과 함께 하는 신체놀이 프로그램을 참여함으로써 정신건강의 긍정적 측면의 심리적 복지감이 상승되고, 구성원들과의 의사소통을 통해서 사회성을 높일 수 있으며,[14] 혈액순환과 근육 이완에도 효과가 있다.[15] 이런 면에서 과자를 활용한 관계 촉진 프로그램은 집단의 정신건강과 긍정적인 정서 증진에 효과가 있을 것으로 본다.

과자를 활용한 관계 촉진 프로그램 기능

1. 근육 이완
2. 신경조직 활성화
3. 혈액순환
4. 심리적인 압박감 해방
5. 심신의 활력 증진

10. 몸짓을 통한 관계 촉진 프로그램

몸짓을 통한 관계 촉진 프로그램은 KBS의 예능 프로그램에서 인기를 끈 활동이다. 팀별 관계 촉진 프로그램으로 가장 많이 사용되며, 이 프로그램은 구성원들의 자기표현 능력을 향상시키고 관람하는 참여자들에게도 웃음을 유발한다.

인원

6~100명, 최소 3인 1조

참여 대형

의자형, 자유형

준비물

상황에 따른 음향 장비, 제시 단어를 적은 스케치북

목표

자기표현 능력 향상

지도방법

① 지도자는 참여자들을 1열로 서게 한다.

② 스케치북에 미리 적어 둔 제시 단어를 맨 앞에 있는 사람에게 보여 준다.

③ 맨 앞에 있는 참여자가 뒤에 있는 참여자에게 해당 단어를 몸으로 표현한다.

④ 맨 뒤에 있는 참여자는 지도자의 카운트에 맞춰 정답을 이야기한다.

⑤ 쉬운 단어로 하며, 제한시간을 설정해야 한다.

ⓘ 지도 tip

제시 단어는 동물, 곤충, 속담, 물건, 감정 등과 관련된 것이 좋다.

리드멘트 예시

지금부터 제시 단어를 제가 보여 드리겠습니다. 맨 앞에 계신 참여자만 저를 보시고, 나머지 조원들은 뒤를 돌아봐 주세요. '시작'이라는 신호와 함께 맨 앞에 계시는 참여자께서 말을 하지 않고 몸으로만 설명을 해 주셔야 합니다. 부연 설명을 위해서 제시 단어의 효과음은 인정해 드립니다. 첫 번째 단어입니다. (맨 앞에 참여자에게 단어를 보여 준다.) 시작하겠습니다.

✔ 주의할 점

동작으로 따라 할 수 있는 단어가 좋으며, 추상적인 단어를 하면 맞출 수가 없다.

👍 프로그램 기능과 효과

몸짓을 통한 관계 촉진 프로그램은 놀이에 참여하는 구성원들뿐 아니라 놀이를 관람하는 구성원들의 흥미 유발과 참여도에도 긍정적인 영향을 끼친다. 또한 내가 속하지 않은 타 공동체를 보면서 시각적으로 자극을 받아 내가 속한 공동체의 구성원들과 동기부여를 통해 끈끈한 관계를 증진하는 기능을 한다.

개인 참여 프로그램보다 집단 참여 프로그램은 노인들의 우울증세를 감소시키고 일상생활의 개인 만족도를 높이며,[16] 노인들의 흥미를 지속적으로 유지하고 인지기능을 개선하는 효과가 있었다.[17] 이러한 면에서 몸짓을 통한 관계 촉진 프로그램은 참여자들의 건강 증진과 공동체 의식 함양에 기여할 것이다.

몸짓을 통한 관계 촉진 프로그램 기능

1. 우울증 예방
2. 관절염 예방
3. 정신적 건강 회복
4. 인지기능 개선
5. 공동체 의식 함양

1) 안마를 통한 예방적 효과는 다음 논문에서 확인할 수 있다. 이명해(2005). 노인성질환의 예방 및 재활 치료를 위한 건강 마사지에 관한 연구. 부산여자대학 논문집, 27, 443-493.

2) 집단 구성원들의 여가 활동을 통한 기능 향상은 다음 논문에서 확인할 수 있다. 김상대(2009). 노인의 활동성 여가참여가 사회적 역할상실감 및 삶의 질적 가치인식에 미치는 영향. 한국여가레크리에이션학회지, 33(3), 69-83.

3) 대인관계를 통한 신체적 프로그램의 예방적 효과는 다음 논문에서 볼 수 있다. 이윤정, 김신미(2003). 신체적 활동프로그램이 치매노인의 인지기능 및 일상생활 수행능력에 미치는 효과. 한국노년학, 23(4), 17-31.

4) 집단 구성원들의 의사소통인 스킨십을 통한 예방적 효과는 다음 논문을 참조하라. 김영순, 변철희, 임지혜(2010). 한국인의 스킨십 행위에 관한 문화 소통적 기술. 교육문화연구, 16(2), 337-364.

5) 레크리에이션을 통한 치매 예방은 다음 논문에서 확인할 수 있다. 정민영, 박천규, 손명동(2010). 오감 자극 노인성 치매 예방 프로그램. 한국콘텐츠학회 종합학술대회 논문집. pp. 594-600.

6) 접촉을 통한 예방적 차원의 접근은 다음의 논문을 참고하라. 강현희(2008). 노인의 웰빙을 위한 치료 마사지의 가치. 사회과학연구, 14(0), 185-197.

7) 신체적인 부분의 놀이 프로그램 내용은 다음을 참고하였다. 이한숙(2005). 치매노인을 위한 치료레크리에이션 요법과 활용방안. 한국여가레크리에이션학회지, 28, 227-239.

8) 다양한 놀이를 통해서 치매의 예방적 효과성을 확인할 수 있다. 신혜원, 정순둘(2015). 초기치매의심노인을 위한 통합적 노인놀이치료 프로그램 개발 및 효과성 평가. 놀이치료연구, 19(3), 95-109.

9) 프로그램을 통한 노인들의 참여와 효과적인 측면은 다음 논문에서 확인할 수 있다. 김홍록, 이영기(2000). 노인레크리에이션의 심리·사회적인 효과정립. 한국여가레크리에이션학회지, 19, 69-90.

10) 놀이를 통한 집단 구성원들의 신체적인 영향은 다음 논문을 참고하라. 정기한(2012). 신체활동 레크리에이션 참여유형에 따른 감성지능과 조직문화인식이 조직유효성에 미치는 영향. 계명대학교 대학원 박사학위논문.

11) 신체활동을 통한 프로그램의 예방적 기대효과는 다음 논문을 참고하라. 박은식(2018). 레크리에이션 치료 프로그램이 치매노인들의 인지기능과 균형감각에 미치는 영향. 디지털융복합연구, 16(9), 391-397.

12) 구성원들의 관계를 통한 놀이의 예방적인 부분은 다음 논문을 참고하라. 조성수(2008). 노인의 레크리에이션 참가가 여가만족 및 생활만족에 미치는 영향. 경기대학교 스포츠과학대학원 석사학위논문.

13) 풍선을 활용한 놀이 프로그램에서 예방적인 차원을 확인할 수 있다. 김기도, 허명(2018). 풍선을 이용한 호흡운동 프로그램이 치매노인의 호흡기능에 미치는 영향. 한국엔터테인먼트산업학회 학술대회 논문집, 157-159.

14) 구성원들과의 놀이 프로그램 참여에 대한 긍정적인 효과는 다음 논문을 참조하라. 이귀옥(2012). 여가프로그램 참여 노인들의 정신건강이 삶의 만족도에 미치는 영향. 한국보건복지융합연구(구 노인의료복지연구), 4(2), 67-79.

15) 노인들의 프로그램 참여를 통한 기대효과의 내용은 다음 논문을 참조하라. 정민영, 박천규, 손명동(2010). 오감 자극 노인성 치매 예방 프로그램. 한국콘텐츠학회 종합학술대회 논문집. pp. 594-600.

16) 개인 프로그램이 아닌 집단 프로그램을 통한 향후 기대적인 효과는 다음 논문에서 확인할 수 있다. 김연화(1999). 집단 레크리에이션 요법이 시설노인의 우울 및 자아존중감과 생활만족도에 미치는 효과. 지역사회간호학회지, 10(1), 19-31.

17) 노인 놀이에 관한 예방적인 차원의 내용은 다음 논문에서 볼 수 있다. 신혜원, 정순둘(2015). 초기치매의심노인을 위한 통합적 노인놀이치료 프로그램 개발 및 효과성 평가. 놀이치료연구, 19(3), 95-109.

제7장

소근육 운동 프로그램

1. 호두를 이용한 손 협응 프로그램

2. 성냥 쌓기를 통한 손 협응 프로그램

3. 식빵을 활용한 두 손 협응 프로그램

4. 젓가락을 활용한 손 협응 프로그램

5. 색깔 판 뒤집기 협응 프로그램

6. 고리걸기를 활용한 손 협응 프로그램

7. 딱지를 활용한 손 협응 프로그램

8. 눈과 손을 사용하는 협응 프로그램

9. 퍼즐을 활용한 손 협응 프로그램

10. 젠가를 활용한 손 협응 프로그램

1. 호두를 이용한 손 협응 프로그램

　호두를 이용한 손 협응 프로그램은 호두를 통해 손 운동을 함으로써 뇌에 감각적 자극을 제공하고, 손안에서 이루어지는 복잡하고 숙련된 동작의 수행으로 손 기능을 촉진한다. 그리고 장소를 떠나서 쉽게 누구나 따라 할 수 있는 장점이 있는 놀이다.

인원

1~50명

참여 대형

의자형, 책상형, 자유형

준비물

상황에 따른 음향 장비, 호두, 망치, 장갑 등

목표

손 감각 자극 및 두뇌 자극

지도방법

① 지도자는 호두를 준비하여 참여자들에게 나눠 준다.
② 지도자는 참여자들에게 호두 돌리기와 호두 먹기 체험을 하게 한다.

☺ 지도 tip

양손을 번갈아 가면서 진행하며, 호두 알까기, 호두 볼링 등의 놀이를 응용할 수 있다.

💬 리드멘트 예시

지금부터 음악에 맞춰서 신나게 호두를 돌려 보겠습니다. (음악의 빠르기에 따라 지도해도 무방하다.) 눈으로도 보고 손으로도 체험해 보고 건강까지 챙겨 가는 1석 3조의 시간을 보내고 계시는데요. 이번에는 '금강산도 식후경'이라는 말처럼 고소한 호두를 먹어 보겠습니다.

✔ 주의할 점

호두를 먹을 때는 지도자가 현장에서 안전하게 호두를 깨야 한다.

👍 프로그램 기능과 효과

호두를 이용한 손 협응 프로그램은 지도자의 능숙한 진행에 따라 참여자가 부담 없이 쉽게 따라 하고, 안전한 프로그램에 긍정적인 생각으로 참여함으로써 육체적·정신적 건강이 향상됨을 기대한다.

손의 동작을 통한 프로그램은 손의 감각 자극 및 소근육들에 대한 근력과 안정된 잡기, 힘 조절, 속도 조절 및 치매노인의 인지기능 향상에 효과를 나타내며,[1] 호두를 이용한 손 운동은 대뇌 피질의 다양한 운동 관련 부위를 활성화하고 뇌 기능이 향상되었다.[2] 이런 면에서 호두를 이용한 손 협응 프로그램은 신체 건강 유지와 질병 예방에 기여할 수 있다.

호두를 이용한 손 협응 프로그램 기능

1. 손 감각 기능 향상
2. 대뇌 피질 활성화
3. 정신적 건강 회복
4. 손의 힘 조절을 통한 안정감 유지
5. 손의 속도 조절

2. 성냥 쌓기를 통한 손 협응 프로그램

성냥 쌓기를 통한 수 협응 프로그램은 손의 정교함을 통해 성냥을 제한된 시간 안에 촘촘히 쌓는 프로그램이다. 성냥 쌓기를 통해 뇌의 인지력과 집중력을 향상하고, 정교성과 모방능력을 향상시키는 놀이다.

인원

1~50명

참여 대형

의자형, 책상형

준비물

상황에 따른 음향 장비 및 성냥

목표

상지 동작 훈련 및 정교성과 모방능력 향상

지도방법

① 성냥을 이용해 지그재그로 무너지지 않고 가장 높이 쌓는 놀이다.
② 지도자는 쌓는 방법을 반드시 알려 줘야 한다.

⊙ 지도 tip

성냥 쌓기 협응 놀이는 장시간이 필요하며, 지도자는 참여자들이 볼 수 있는 성냥 탑의 표본을 미리 만들어서 따라 하게 한다.

💬 리드멘트 예시

앞에 제가 미리 만들어서 완성해 놓은 성냥 탑이 있습니다. 어렵지 않게 모형을 만들어 봤는데요. 지금부터 제한시간에 맞춰 성냥 탑을 완성하겠습니다. 중간 중간에 모르시거나 힘드시면 제가 도와드리겠습니다. 그럼 지금부터 시작하겠습니다.

✔ 주의할 점

시작 신호와 끝나는 신호를 통해서 시작과 끝을 잘 맺어야 하고, 제한시간을 잘 지키도록 안내해야 한다.

👍 프로그램 기능과 효과

성냥 쌓기를 통한 손 협응 프로그램은 일상생활에서 가장 많이 사용하는 신체 부위 '손'의 역할이 얼마나 중요한지, 그리고 '손'이 어떤 역할을 통해서 건강을 증진시키는지를 깨닫게 하며, 정교함과 모방능력의 기능 향상을 기대한다.

상지 동작에서 손을 활용한 놀이가 모방능력을 향상시키는 동시에 소근육 운동능력을 향상시키고 정교성에도 효과를 미치며,[3] 두뇌를 자극하여 뇌 증진을 활성화시키는 효과가 있었다.[4] 이런 면에서 성냥 쌓기를 통한 손 협응 프로그램은 예방적 차원에서 기능할 것이다.

성냥 쌓기를 통한 손 협응 프로그램 기능

1. 손 촉감을 통한 두뇌 자극
2. 정서적 흥미 유발
3. 양손 정교성 증진
4. 모방능력 향상
5. 공간지각 능력 향상

3. 식빵을 활용한 두 손 협응 프로그램

　식빵을 활용한 두 손 협응 프로그램은 양손을 사용하여 손 감각자극을 통해 손 기능을 훈련한다. 참여자가 표현하고자 하는 머릿속 표현들을 창의적으로 학습하고 인지능력을 향상시킬 수 있는 프로그램이며, 자기를 표현하는 놀이다.

인원

1~50명

참여 대형

의자형, 책상형

준비물

　상황에 따른 음향 장비, 식빵, 잼(또는 케첩), 종이컵, 숟가락, 데코 가루, 위생장갑 등

목표

성취감 향상 및 창의력 향상

지도방법

① 지도자는 참여자의 인원에 맞춰 식빵과 잼, 종이컵, 숟가락, 데코 가루, 위생장갑 등을 준비한다.
② 참여자들은 식빵 위에 재료들을 가지고 숫자, 그림, 글자 등을 만든다.

③ 익숙해지면 미션을 주고 '행복했던 순간'을 글자 또는 그림으로 표현하라고
   한다.

☺ 지도 tip

처음에는 지도자가 참여자들이 따라 할 수 있게 쉬운 그림이나 숫자를 모방하게
하고, 익숙해지면 참여자 혼자만의 작품을 만드는 것이 좋다.

💬 리드멘트 예시

먼저 식빵에 케첩이나 잼을 이용해서 여러분 각자의 성함을 적어 보겠습니다. 이
번에는 제일 좋아하는 숫자를 하나 그려 보세요. 다음 제시어를 드리겠습니다. 시
간은 충분히 드릴게요. 제시어는 '나의 행복했던 순간'입니다. 표정을 그리셔도 되
고 감정을 글로 적으셔도 되고 자유롭게 하시면 됩니다.

✓ 주의할 점

지도자의 설명이 중요하고, 돌아다니면서 표현에 서투른 참여자를 도와줘야
한다.

👍 프로그램 기능과 효과

식빵을 활용한 두 손 협응 프로그램은 '보기 좋은 떡이 먹기도 좋다'는 우리 속
담처럼, 식빵을 활용해 작품을 완성한 후 성취감을 얻는 동시에 포만감도 얻을 수
있다.

손을 사용하는 프로그램을 통한 효과는 손을 사용함으로써 손의 능숙함이 향상
되고, 인지기능 활성화와 혼자서도 작품을 완성할 수 있는 가능성을 높임으로써 성
취감과 만족감까지 얻을 수 있으며, 부정적인 감정이 감소한 후 안정감의 효과를

보여 줬다.[5] 또한 인지기능 향상을 가져오고 우울증을 감소시키는 효과가 있었다.[6] 이런 면에서 식빵을 활용한 두 손 협응 프로그램은 인지기능과 정신건강 증진에 기여할 것이다.

식빵을 활용한 두 손 협응 프로그램 기능

1. 문제 해결 능력 강화
2. 심리적 안정감 증진
3. 창의력 향상
4. 우울증 감소
5. 부정적 감정 감소

4. 젓가락을 활용한 손 협응 프로그램

젓가락을 활용한 손 협응 프로그램은 자유로운 일상생활에서 사용하는 젓가락을 통해 손 기능을 향상시키고, 일상생활 활동의 동작을 자유롭게 만들어 주며, 팀 관계 형성 프로그램에서 가장 많이 쓰이는 대표적인 놀이다.

인원

2~50명

참여 대형

의자형, 책상형

준비물

상황에 따른 음향 장비, 젓가락, 콩, 접시

목표

소근육 증진 및 일상생활의 수행능력 향상

지도방법

① 지도자는 참여자들에게 젓가락을 나누어 준다.
② 콩이 들어 있는 접시에서 반대편 빈 접시로 콩을 많이 옮기는 놀이다.

⏱ **지도 tip**

옮길 내용물을 도토리, 밤, 방울토마토, 과자, 사탕 등으로 바꾸어 활동해도 된다.

💬 **리드멘트 예시**

왼쪽에 있는 접시에 콩이 10개 들어 있는데요. 제가 '준비! 시작!'이라는 신호와 함께 콩을 오른쪽에 있는 접시로 옮기시면 됩니다. 중간에 입으로 옮기시거나 몰래 손으로 옮기시면 안 됩니다. 준비! 시작!

✔ **주의할 점**

처음에는 연습을 하고, 익숙해지면 제한시간 내에 미션을 완수하는 경쟁을 해도 좋다.

👍 **프로그램 기능과 효과**

젓가락을 활용한 손 협응 프로그램은 일상생활에서 손쉽게 접하는 도구를 활용하여 개인의 손 기능과 손 감각 기능을 증강시키고 팀 대항 경쟁을 함으로써 성취감 향상을 기대한다.

일상생활의 수행능력을 요구하는 신체적 활동 프로그램에서 신체활동과 일상생활 동작을 통해서 노인들의 인지기능이 점점 좋아졌으며, 개인의 일상적인 부분에서의 생활 기능들이 향상되는 효과를 보여 주었다.[7] 이러한 면에서 젓가락을 활용한 손 협응 프로그램은 예방적 차원에서 신체기능을 향상시키는 데 기여할 것이다.

젓가락을 활용한 손 협응 프로그램 기능

1. 손 근육 긴장과 이완의 조절력 향상
2. 신체 동작 활성화
3. 우울증세 감소
4. 손의 민첩성 증진
5. 판단력 향상

5. 색깔 판 뒤집기 협응 프로그램

색깔 판 뒤집기 협응 프로그램은 성별과 연령 상관없이 개인의 순발력과 손 감각 기능을 향상시키는 프로그램이다. 레크리에이션 프로그램이나 명랑운동회에서 대표적으로 사용되며, 개인전과 단체전을 할 수 있는 폭 넓은 프로그램이다.

인원

2~50명

참여 대형

책상형, 자유형

준비물

상황에 따른 음향 장비, 파랑색과 빨강색의 양면 색깔 판 30~50개

목표

소근육 향상 및 신체기능 향상

지도방법

① 앞은 파랑색, 뒤는 빨강색으로 이뤄진 색깔 판을 준비해서 판을 뒤집는 놀이다.

② 참여자가 전체 파랑색으로 뒤집어 놓으면 다른 참여자는 빨강색인 반대로 뒤집어야 한다.

⏱ **지도 tip**

색깔 판이 준비되지 않은 경우, 종이컵이나 화투를 뒤집거나 앞뒤가 구별되는 도구를 준비한다. 개인전과 단체전 모두 가능하다.

💬 **리드멘트 예시**

지금부터 A팀 여러분은 빨강색이 많이 보이게 뒤집으시고요. 그리고 B팀 여러분은 파랑색 많이 보이게 뒤집으시면 되겠습니다. 제가 '시작!' 하면 그만이라고 할 때까지 제한시간 동안 지정된 색깔을 뒤집으시면 됩니다. 준비 시작!

✔ **주의할 점**

시작 신호와 끝나는 신호를 잘 지키도록 안내하고, 제한시간을 반드시 정한다.

👍 **프로그램 기능과 효과**

색깔 판 뒤집기 협응 프로그램은 손 감각 자극과 신체를 움직이며 동적인 형태로 선의의 경쟁을 함으로써 집단 구성원들과의 관계 촉진과 개인의 수행능력을 향상시킬 수 있다.

상지 운동과 소근육 운동을 통한 쥐기 운동은 손의 기능을 향상시키고, 여성 노인의 기능적인 수행에 도움을 주며, 소근육 운동능력인 정교성, 지각운동이 향상되었고, 손의 민첩성에 따른 완성도 높은 결과물을 보여 줬다.[8] 또한 도구 매체를 이용한 손 사용은 스트레스 해소 및 긴장, 이완으로 손과 손가락의 움직임이 자연스러워져 조작 속도가 향상되었다.[9] 이런 면에서 색깔 판 뒤집기 협응 프로그램은 자극에 대한 반응을 통해 노인의 활동성과 지적 자극에 긍정적 영향을 미칠 것이다.

색깔 판 뒤집기 협응 프로그램 기능

1. 민첩성 향상
2. 조작 속도 향상
3. 묘사능력 향상
4. 자극에 대한 반응 향상
5. 손 움직임의 정교성 향상

6. 고리걸기를 활용한 손 협응 프로그램

　　고리걸기를 활용한 손 협응 프로그램은 옛날 전통방식의 놀이로, 지속적인 참여가 가능하고 경제적이며 어디에서나 사용할 수 있는 편리함이 있다. 지도자가 특별한 전문지식을 필요로 하지 않고 손쉽게 활용할 수 있는 유용한 프로그램이다.

👥 인원

2~50명

🧍 참여 대형

자유형

📄 준비물

상황에 따른 음향 장비, 고리걸기 도구

💡 목표

손 인지기능 향상 및 순발력 향상

⏱ 지도방법

① 던지려는 지점에 고리 던지기 목표물을 세운다.
② 고리가 목표물에 들어가는 개수로 승패를 확인한다.

참여자의 개인 신체 여건에 맞춰 거리를 조절한다.

지금부터 앞에 있는 고리걸이에 동그란 고리를 많이 걸어 주시면 됩니다. 정확하게 줄을 그어놓은 선에 앞발은 고정하고 뒷발은 도움닫기까지 허용해 드리겠습니다. 단, 양발 점프를 해서 고리를 던지거나 한꺼번에 모아서 '뭐든 들어가라'는 식으로 고리를 던지시면 안 됩니다. 혹시나 남의 떡이 커 보이고 내 것만 안 들어간다고 옆 사람 고리에 던져서 넣으면 옆 사람 점수가 인정돼서 옆 사람이 고마워하니까 이걸 기억하시면서 준비! 시작!

금속 재질의 도구가 아니라 가벼운 재질의 도구가 안전하다.

고리걸기를 활용한 손 협응 프로그램은 놀이를 어렵지 않게 따라 할 수 있으며,[10] 신체 순발력 향상과 고립행동을 수정하고 적응행동을 촉진하는 역할을 할 수 있다.

고리걸기와 민속놀이는 손 움직임과 시각 기능에 효과를 보여 주고 순발력 기능을 향상시켰으며, 인지기능 자극을 통한 집단 활동에도 긍정적인 영향을 미쳤다.[11] 이런 면에서 고리걸기를 활용한 손 협응 프로그램은 고립행동을 적응행동으로 촉진하는 데 긍정적인 효과를 기대할 수 있다.

고리걸기를 활용한 손 협응 프로그램 기능

1. 손 기능 증진
2. 신체 순발력 향상
3. 적응행동 증진
4. 프로그램 몰입도 상승
5. 시각능력 향상

7. 딱지를 활용한 손 협응 프로그램

　딱지를 활용한 손 협응 프로그램은 손 운동요법, 개념기억 훈련을 통해 일상생활의 수행능력을 향상시켜 주는 프로그램으로, 장소 제약 및 별다른 준비물 없이 안전하게 할 수 있다는 장점이 있는 놀이다.

👥 인원

1~50명

👥 참여 대형

자유형

📝 준비물

상황에 따른 음향 장비, 신문지, 박스, 가위, 칼 등

💡 목표

인지기능 향상 및 일상생활 수행능력 증진

▶ 지도방법

① 지도자는 신문지나 다양한 종이를 활용하여 참여자들과 딱지를 접는다.
② 접은 딱지로 순서대로 돌아가면서 딱지 왕 선발대회를 시작한다.
③ 딱지 뒤집기에 이어 고리 던지기처럼 통을 두고 딱지 던지기를 해도 좋다.
④ 모든 놀이가 끝나면 딱지를 크기별·종류별로 모으는 미션을 준다.

ⓘ 지도 tip

동일한 크기의 딱지를 만들어서 인원에 따라 지도자와 참여자의 대결이나 참여자들끼리 대진표를 짜서 오늘의 딱지 왕을 뽑는 것도 좋다. 중간 중간 참여자들을 격려하면서 응원전을 펼쳐도 좋다.

💬 리드멘트 예시

지금부터 오늘의 딱지 왕 선발대회를 시작하겠습니다! 딱지를 발로 비비거나 딱지를 침으로 바르거나 체중을 실어서 또는 점프를 뛰어서 뒤집는 방식은 허용이 안 됩니다. 반대로 상대편을 심리적으로 놀리거나 갑자기 땀을 묻히거나 물을 묻히거나 딱지 속에 다른 두꺼운 종이를 넣으면 실격입니다. 아! 딱지라서 코딱지 묻히는 것은 인정입니다. 먼저 예선전부터 시작합니다. 양쪽 선수 입장해 주세요.

✓ 주의할 점

안전을 위해서 딱지를 만들 때 칼이나 가위를 사용하지 않도록 미리 접는 선에 따라 접히는 모형을 가지고 사용하면 좋다.

👍 프로그램 기능과 효과

딱지를 활용한 손 협응 프로그램은 누구나 손쉽게 따라 할 수 있고, 지도자의 별다른 진행 기술이 없어도 지도할 수 있다. 신체기능을 상승시키고 공간지각 능력을 향상시키며 뇌 기능을 활성화하리라 기대한다.

민속놀이 프로그램에 참여함으로써 부정적이고 우울했던 표정과 감정이 긍정적인 부분으로 전환되었고, 높았던 문제행동 점수는 낮아졌으며, 일상생활의 수행능력 부분을 증진시키는 효과가 있었다.[12] 이런 면에서 딱지를 활용한 손 협응 프로그램은 노인의 순발력 향상과 대인관계 형성에도 긍정적인 효과를 줄 것이다.

딱지를 활용한 손 협응 프로그램 기능

1. 만족감과 행복감 성취
2. 개념 기억 훈련 활성화
3. 손 사용 일상생활 능력 향상
4. 관계 형성 능력 향상
5. 행복감 증진

8. 눈과 손을 사용하는 협응 프로그램

눈과 손을 사용하는 협응 프로그램은 시각 기능과 손 기능의 능력을 향상시키고, 어디서든 손쉽게 공간의 제약을 받지 않고 지도할 수 있는 장점을 가진 놀이 프로그램이다.

👥 인원
1~50명

👤 참여 대형
의자형, 책상형

📄 준비물
상황에 따른 음향 장비, 계란판, 탁구공, 매직

💡 목표
시지각 향상 및 손 기능 향상

▶ 지도방법
① 지도자는 계란판을 준비한다.
② 탁구공에 1~30까지 숫자를 적는다.
③ 지도자의 신호에 따라 참여자는 탁구공을 계란판에 1~30까지 순서대로 넣는다.

⊙ 지도 tip

지도자는 참여자가 성공할 수 있게 옆에서 도와준다.

💬 리드멘트 예시

탁구공에 1부터 30까지 숫자가 적혀 있는데요. 계란판 맨 왼쪽 끝이 1번으로 1-2-3-4-5 이렇게 순서대로 가로로 번호를 정렬해서 30을 채우면 됩니다. 제가 천천히 도와드릴게요. 같이 해 볼게요.

✔ 주의할 점

꾸준히 칭찬하고, 부정적인 말은 삼간다.

👍 프로그램 기능과 효과

눈과 손을 사용하는 협응 프로그램은 다양한 근육체제와 감각 양상의 상호 협응 능력이 향상되고, 시각과 인지를 결합한 놀이를 함으로써 일상생활에도 도움을 줄 것이라 기대한다.

눈과 손을 사용하는 협응 프로그램을 통해 시각과 지각의 변화가 생기고 인지기능 향상 및 일상생활 활동 회복능력에 효과가 있었다.[13] 이런 면에서 눈과 손의 협응 프로그램은 시각과 지각을 향상시키는 데 기여할 것이다.

눈과 손을 사용하는 협응 프로그램 기능

1. 손 기능 향상
2. 근육체제 감각 향상
3. 변별력 향상
4. 몰입력 향상
5. 인지력 향상

9. 퍼즐을 활용한 손 협응 프로그램

퍼즐을 활용한 손 협응 프로그램은 참여자에게 제약 없이 사용할 수 있고, 난이도를 조정하여 완성하는 퍼즐 조각을 증가시키는 놀이 형태로, 흥미를 잃지 않고 재미있게 할 수 있어 추후 지속적으로 활용할 수 있는 유용한 인지 프로그램이다.

👥 인원

1~50명

👥 참여 대형

책상형

📒 준비물

상황에 따른 음향 장비, 퍼즐, 풀

🔍 목표

인지 능력 향상 및 성취감

▶ 지도방법

① 지도자는 완성된 퍼즐을 보여 주며, 제한시간을 준다.
② 참여자에 개인 특성에 따라 퍼즐의 난이도를 정한다.
③ 완성도를 지켜본다.

🔆 지도 tip

동물, 숫자 등의 단순한 퍼즐이 좋다.

💬 리드멘트 예시

'인생은 퍼즐과 같다'라는 말을 하는데요. 인생에서 하나의 그림을 완성하기 위해서는 수많은 시간 속에 시행착오를 겪으면서 경험해 나간다는 의미가 있는 것 같아요. 오늘은 아름다운 인생을 살고 계시는 여기 모이신 여러분과 짧은 시간 동안 퍼즐을 완성해 보고 싶습니다. 지금부터 함께 시작할게요!

✔ 주의할 점

퍼즐 조각이 너무 많은 것은 피하고 30분 정도에 맞출 수 있는 쉬운 퍼즐을 준비한다.

👍 프로그램 기능과 효과

퍼즐을 활용한 손 협응 프로그램은 참여자들에게 인지영역의 성장을 촉진하며, 흥미를 지속적으로 유발하게 함으로써 퍼즐의 완성을 통해 행복감과 성취감을 경험하게 만들 수 있다.

퍼즐을 활용하여 노인과 자폐 아동에게 미치는 영향 연구에서는 반응이 없었던 우울한 노인들에게 퍼즐을 완성한 후 성취감을 통해 우울감에서 긍정적인 효과를 보여 주었고,[14] 회를 거듭할수록 적극적인 참여와 함께 개인의 집중력이 향상되며 자신감을 향상시키는 효과가 있었다.[15] 이런 면에서 퍼즐을 활용한 손 협응 프로그램은 노인의 활동성과 인지기능 향상에 기여할 것이다.

퍼즐을 활용한 손 협응 프로그램 기능

1. 집중력 향상
2. 손 조작력 강화
3. 완성을 통한 성취감 향상
4. 정서적 안정감

⑩. 젠가를 활용한 손 협응 프로그램

젠가를 활용한 손 협응 프로그램은 뇌로부터 내려오는 명령을 수행하는 운동기관인 손을 사용함으로써 인지기능의 저하를 늦추고, 두뇌활동을 활발하게 해 주며, 손 기능 훈련을 통해 판단능력, 문제 해결 능력, 공간지각력, 사회적 상호작용 네 가지 기능을 향상시키는 놀이다.

인원

2~4명

참여 대형

의자형, 책상형

준비물

상황에 따른 음향 장비, 젠가

목표

인지기능 향상 및 관계 신뢰성 증진

지도방법

① 지도자는 젠가를 준비한다.
② 가위바위보를 통해 순서를 정한다.
③ 쌓아 놓은 젠가를 하나씩 빼다가 쓰러뜨리는 사람이 지는 놀이다.

🔅 지도 tip

작은 젠가부터 레크리에이션 용품으로 사용하는 큰 젠가도 있으며, 대상 및 연령에 따라 누구나 쉽게 할 수 있다.

💬 리드멘트 예시

지금부터 가위바위보를 통해서 젠가를 빼는 순서를 정해 보겠습니다. 오른손을 들어 주세요. 이긴 분께서 먼저 순서를 정하실 수 있습니다. 순서가 정해졌으면 순서에 맞춰서 놀이를 시작하겠습니다.

✔ 주의할 점

많은 인원이 아닌 2~4명이 제일 좋다.

👍 프로그램 기능과 효과

젠가를 활용한 손 협응 프로그램은 노인의 삶의 질을 높이고 지역사회 참여를 증가시켜 비약물적인 효과를 얻음으로써 예방의 기능을 할 수 있다.

보드게임을 통해 뇌졸중 노인의 우울과 경도 치매노인의 우울감이 감소했고 재활 동기를 향상시켰으며,[16] 인지 및 일상생활능력에서 판단능력, 문제 해결 능력, 공간지각력, 사회적 상호작용 능력이 향상되는 효과가 있었다.[17] 이런 면에서 젠가를 활용한 손 협응 프로그램은 노인이 행복한 삶을 영위할 수 있도록 인지활동을 촉진할 것이다.

젠가를 활용한 손 협응 프로그램 기능

1. 우울증상 감소
2. 공간지각 능력 향상
3. 문제 판단 능력 상승
4. 문제 해결 능력 증진
5. 사회적 상호작용 능력 향상

1) 손동작을 통한 놀이형태의 운동 프로그램에 대한 예방적인 효과는 다음 논문을 참조하라. 왕중산, 김지성, 김수한(2009). 손동작 운동프로그램이 치매노인의 인지기능 향상에 미치는 효과. 대한물리치료과학회지, 16(1), 21-29.

2) 호두를 이용하는 손 운동 프로그램의 예방 효과는 다음 논문을 통해서 확인할 수 있다. 장성호, 박승규, 김재원, 김오룡, 양동석, 권용현(2006). 호두를 이용한 손 운동이 대뇌 피질의 활성화에 미치는 영향. 대한작업치료학회지, 14(1), 25-33.

3) 상지 동작 부분에서 손을 활용한 운동능력의 효과는 다음 논문에서 확인할 수 있다. 김정학, 유은정(2005). 상지 동작 훈련 프로그램이 뇌성마비 아동의 소근육 운동 능력에 미치는 효과. 초등특수교육연구, 7(1), 105-128.

4) 손을 활용한 놀이 프로그램 연구는 다음 논문을 참조하길 바란다. 정민영, 박천규, 손명동(2010). 오감 자극 노인성 치매 예방 프로그램. 한국콘텐츠학회 종합학술대회 논문집. pp. 594-600.

5) 손을 사용하는 프로그램이 미치는 효과에 관한 연구는 다음 논문에서 볼 수 있다. 김정학, 유은정(2005). 상지 동작 훈련 프로그램이 뇌성마비 아동의 소근육 운동 능력에 미치는 효과. 초등특수교육연구, 7(1), 105-128.

6) 손 사용의 인지기능 향상과 우울증 정도에 따른 예방적인 차원의 효과는 다음 문헌을 참조하라. 김상호, 신관홍, 진창윤, 정복자(2017). 치매 예방을 위한 운동프로그램 연구. 2017년 한국운동재활학회·협회 추계학술대회집. pp. 102-102.

7) 일상생활의 수행능력 부분에서 노인의 활동 프로그램 연구에 관한 내용은 다음 논문에서 확인할 수 있다. 이윤정, 김신미(2003). 신체적 활동프로그램이 치매노인의 인지기능 및 일상생활 수행능력에 미치는 효과. 한국노년학, 23(4), 17-31.

8) 상지 운동 프로그램이 신체기능에 미치는 영향은 다음 논문에 제시되어 있다. 하미숙(2012). 상지 운동과 쥐기 운동이 여성노인의 손 기능에 미치는 영향. 코칭능력개발지, 14(3), 125-132.

9) 도구 매체를 이용한 손 기능의 효과에 대한 연구는 다음을 참고하라. 김용숙, 전순영(2019). 종이매체를 활용한 집단미술치료가 치매노인의 인지기능과 소근육 운동에 미치는 효과. 미술치료연구, 26(5), 901-923.

10) 고리걸기 프로그램이 손과 시각에 어떠한 영향을 주는지에 대한 연구는 다음 문헌에서 확

인할 수 있다. 정재권, 오명화(2001). 고리놀이 훈련이 뇌성마비아동의 손과 시각기능에 미치는 영향. 재활심리연구, 8(1), 127-139.

11) 민속놀이 프로그램을 통해 인지기능 연구와 예방적인 차원의 기대 효과 연구는 다음 문헌에서 확인할 수 있다. 김정순, 정정심(2005). 민속놀이 프로그램이 치매노인의 인지기능, 일상생활수행능력 및 문제행동에 미치는 효과. *Journal of Korean Academy of Nursing*, *35*(6), 1153-1162.

12) 민속놀이 프로그램에 대한 예방 차원에서의 효과성 검증 부분은 다음 논문에서 확인할 수 있다. 김정순, 정정심(2005). 민속놀이 프로그램이 치매노인의 인지기능, 일상생활수행능력 및 문제행동에 미치는 효과. *Journal of Korean Academy of Nursing*, *35*(6), 1153-1162.

13) 고령자를 대상으로 한 시지각 프로그램 연구는 다음 논문에서 예방적인 접근을 보여 준다. 김정기, 정복희, 백현희(2010). 뇌졸중 환자에서 시지각 치료의 효과. 고령자·치매작업치료학회지, 4(1), 21-27.

14) 퍼즐 프로그램이 자폐 아동에게 미치는 효과 연구는 다음을 참고하라. 김민지, 박성지(2016). 퍼즐 조각 맞추기 활동을 통한 어휘중재가 자폐 아동의 수용어휘력에 미치는 효과. 유아특수교육연구, 16(3), 91-116.

15) 경도인지장애가 있는 노인에게 퍼즐을 통한 연구 효과는 다음을 참고하라. 임춘옥, 염은이(2018). 퍼즐 프로그램이 경도인지장애 노인의 인지기능과 우울에 미치는 영향. 한국웰니스학회지, 13(3), 353-361.

16) 보드게임이 뇌졸중 노인에게 미치는 효과는 다음 논문을 참고하길 바란다. 이민재, 이선민(2015). 보드게임 프로그램이 뇌졸중 노인의 우울과 삶의 질에 미치는 영향. 특수교육재활과학연구, 54(3), 235-249.

17) 노인의 인지 및 일상생활에 미치는 보드게임의 효과 연구는 다음 문헌을 통해 확인할 수 있다. 백영림(2012). 보드 게임을 이용한 작업치료 프로그램이 경도 치매노인의 인지 및 일상생활활동에 미치는 효과. 고령자·치매작업치료학회지, 6(1), 27-38.

제8장

행복감 촉진 프로그램

1. 스킨십을 통한 행복 촉진 프로그램

2. 단계별 행복감 촉진 프로그램

3. 요일별 행복감 촉진 프로그램

4. 긍정언어를 활용한 행복 촉진 프로그램

5. 박수를 통한 행복 촉진 프로그램

6. 손동작을 활용한 행복 촉진 프로그램

7. '다'로 끝나는 '다'섯 가지 행복 언어 촉진 프로그램

8. 반복 언어를 통한 행복감 촉진 프로그램

9. 풍선을 활용한 행복감 촉진 프로그램

10. 사랑표현을 통한 행복감 촉진 프로그램

1. 스킨십을 통한 행복 촉진 프로그램

스킨십을 통한 행복 촉진 프로그램은 관계 촉진 프로그램과 같이 스킨십을 통해서 관계를 형성하고, 혼자라는 '소외감'에서 벗어나 구성원들과 '행복감'을 촉진하며 집단에서 개인의 사회성을 훈련시키는 놀이다.

인원

2~300명

참여 대형

의자형, 책상형

준비물

상황에 따른 음향 장비

목표

행복감 향상 및 신뢰관계 증진

지도방법

① 2명씩 짝을 만들어 서로 얼굴을 보고 행복 언어로 칭찬하면서 웃는다.

② 2명씩 짝을 만들어 악수를 하고 행복 언어로 칭찬하면서 웃는다.

③ 2명씩 짝을 만들어 왼쪽 눈을 윙크하고 행복 언어로 칭찬하면서 웃는다.

④ 2명씩 짝을 만들어 안아 주고 행복 언어로 칭찬하면서 웃는다.

– 행복 언어 예시: 당신은 세상에서 가장 매력적인 사람입니다. 당신은 세상에서 하나밖에 없는 가장 멋진 사람입니다. 당신과 함께여서 행복합니다. 당신을 만난 건 내 인생에서 가장 큰 행복입니다. 당신의 얼굴을 보니 제 마음이 행복해집니다.

💡 지도 tip

지도자는 어색한 분위기에서 유머를 활용해 관계 형성이 잘 되도록 한다.

💬 리드멘트 예시

옆에 계신 분 얼굴을 보시고 웃으면서 이렇게 말해 볼게요. 제 말을 따라 하세요! 당신을 처음 본 순간! (참여자가 따라함) 웃겨 죽는 줄 알았어요. 다시 따라 할게요. 제 옆자리에 앉아 주셔서 감사합니다. (참여자가 따라함) 별 말씀을요. 자리가 여기밖에 없어요. 이번에는 왼쪽 눈을 윙크하면서 "반갑습니다. 제 이름은 누구누구입니다."라고 할게요. 시작! 눈을 보고 윙크를 했으면 악수를 하면서 "제 이름은 누구누구입니다."라고 말해 주세요. 시작! 마지막으로 가볍게 안아 주면서 "잘 부탁드립니다!"라고 이야기할게요. 시작!

✔ 주의할 점

옆 사람과 이야기를 할 때 무리한 농담은 삼가도록 안내한다.

👍 프로그램 기능과 효과

스킨십을 통한 행복 촉진 프로그램은 집단 구성원들이 서로를 인정 및 칭찬해 주는 효과를 가지고, 동기부여와 성취감 그리고 행복감을 줄 수 있는 기능을 한다.

구성원들과의 관계 형성 후, 웃음을 통해 관계를 촉진하고 정신건강을 향상시켜 삶의 질을 높여 주고 인간의 행복을 되찾아 주는 활동이다. 동시에 상대의 미소를 통해 개인이 웃게 되는 시각적이고 심리적인 힘의 효과가 있었다.[1] 이런 면에서 스킨십을 통한 행복 촉진 프로그램은 친밀감 형성과 적응력 향상을 도모할 것이다.

스킨십을 통한 행복 촉진 프로그램 기능

1. 관계 형성 능력 향상
2. 자기표현력 증강
3. 심리적 안정 효과
4. 정신건강 회복
5. 도파민 증가

2. 단계별 행복감 촉진 프로그램

단계별 행복감 촉진 프로그램은 예방적 차원의 기법에서 가장 많이 쓰이는 핵심적인 프로그램을 4단계로 구분해서 거기에 놀이 기법과 웃음 촉진 기법을 응용해 만든 프로그램이다.

👥 인원

2~300명

👥 참여 대형

의자형, 책상형

📄 준비물

상황에 따른 음향 장비

💡 목표

행복한 관계 촉진 및 신뢰감 형성

⏱ 지도방법

① 입을 가장 크게 만들어 '하하하' 소리를 내며 웃는다.
② 입을 가장 크게 만들어 '하하하' 소리를 내며 박수 치면서 웃는다.
③ 입을 가장 크게 만들어 '하하하' 소리를 내며 옆 사람과 하이파이브를 하면서 웃는다.

④ 입을 가장 크게 만들어 '하하하' 소리를 내며 발을 구르며 웃는다.
⑤ 앞의 방법들을 모두 활용해서 웃는다.

💡 지도 tip

지도자가 시범을 보여 준다. 지도자는 절대 민망해하지 않아야 한다. 웃음은 '하, 희, 후, 헤, 호' 등으로 응용하면 좋다. 지도자의 액션과 웃음소리가 참여자들에게 엄청난 효과를 불러일으킨다.

💬 리드멘트 예시

제가 시범을 보여 드릴게요. 똑같이 해 주셔야 합니다. 잘 따라 해 주시는 분께 선물로 자기만 해도 허리가 펴지는 침대, 올바른 침대, ○○돌침대에서 선물로 돌 10개를 주머니의 넣어드릴게요. 방금처럼 이렇게 웃어 주시면 됩니다. 사실 웃어서 건강해지면 이보다 더 좋은 선물이 어디 있겠어요. 그렇죠? (참여자의 반응) 처음에는 세상에서 가장 크게 박장대소를 하면서 웃어 보겠습니다. 잘 보세요. (지도자의 시범) 이번에는 힘차게 박수를 치시면서 웃을게요. (지도자의 시범) 다음은 옆 사람과 양손으로 하이파이브를 하면서 신나게 웃어 볼게요. (지도자의 시범) 이번에는 발을 구르면서 웃어 볼게요. (지도자의 시범) 지금부터는 처음부터 끝까지 저를 보시면서 해 볼게요. 복습입니다. (지도자의 시범) 짧은 시간 동안 우리가 하나가 된 것 같고 건강해지시는 게 느껴지시죠? 매일 매일 이렇게 웃고 사셨으면 좋겠습니다. 아니 근데 앞에 계신 참여자 분은 안 그래도 누나(언니)라고 부르고 싶었는데 이 프로그램을 하고 나서 더 젊어지셔서 '친구야'라고 할 뻔했어요.

✔ 주의할 점

공감이 될 수 있는 재미있는 멘트를 통해서 참여자들에게 공감을 얻는 것이 중요하다.

👍 프로그램 기능과 효과

단계별 행복감 촉진 프로그램은 프로그램에 참여하는 집단 구성원들의 웃는 얼굴을 보면서 나도 모르게 입 꼬리가 미소를 짓고 행복한 관계를 만들고 신뢰의 관계로 촉진하는 기능을 한다.

웃음 기법을 활용한 프로그램에 참여한 참여자들은 부정적인 생각에서 긍정적인 생각으로 전환되고, 우울 정도가 낮아져 자아존중감이 증가되는 효과가 있었다. 이런 면에서 단계별 행복감 촉진 프로그램은 예방적인 차원에서 노인의 정신적인 건강상태에 대해 바람직한 인식을 하도록 도와주는 데 기여할 것이다.

단계별 행복감 촉진 프로그램 기능

1. 자아존중감 증가
2. 공동체 의식 증진
3. 스트레스 해소
4. 행복감 증가
5. 신체기능 활성화

③ 요일별 행복감 촉진 프로그램

요일별 행복감 촉진 프로그램은 강의 현장에서 '매일 매일을 건강하게 웃었으면 좋겠다'는 의미로 지도자들 사이에서 재미있게 만든 글자 라임에 맞춘 문장을 활용한 놀이다. 요일별 글자의 의미와 동작을 통해 행복감과 동시에 학습효과를 촉진하는 프로그램이다.

👥 인원

2~300명

👤 참여 대형

의자형, 책상형

🖊 준비물

상황에 따른 음향 장비, PPT, 칠판 등

💡 목표

행복한 정신건강 향상

⏺ 지도방법

① 지도자는 요일별 의미를 설명하고, '하하하' 웃음소리에 맞춰 요일에 맞게 동작을 취하며 웃게 한다.
② 월: 월(원)래부터 웃고 [동작] 박수를 치면서 크게 웃는다.

③ 화: 화끈하게 웃고 [동작] 양손 주먹을 불끈 쥐면서 크게 웃는다.

④ 수: 수수하게 웃고 [동작] 양손을 턱에 대고 꽃받침 동작을 하면서 크게 웃는다.

⑤ 목: 목 아플 때까지 웃고 [동작] 양손을 입에 대고 '야호' 하는 동작으로 웃는다.

⑥ 금: 금방 웃고 또 웃고 [동작] 옆 사람을 보면서 악수하면서 크게 웃는다.

⑦ 토: 토할 때까지 웃고 [동작] 옆 사람과 하이파이브를 하면서 크게 웃는다.

⑧ 일: 일 가서도 웃고 [동작] 옆 사람과 안아 주면서 크게 웃는다.

💡 지도 tip

지도자는 시각적인 효과를 위해 프레젠테이션 자료를 사용하거나 종이를 사용해 요일별 의미를 보여 주고 따라 하게 하며, 요일별로 의미와 동작이 익숙해지면 요일별로 문제를 내서 개인이나 팀별로 미션을 줘도 좋다.

💬 리드멘트 예시

여러분, 제가 요일별로 웃는 방법을 알려 드릴게요. 기억해 두셨다가 짜증이나 우울함이 찾아올 때 재빠르게 요일별 웃음훈련을 해 주시면 되겠습니다. (요일별 설명 후) 월요일은? (참여자의 반응) 원래부터 웃고, 잘 하셨어요. 그리고 제가 월요일 웃음법을 알려 드릴게요

✓ 주의할 점

자료를 보여 주면 참여자들이 내용을 적고 있거나 소장하려고 사진을 찍을 것이다. 흐름이 끊기지 않게 상황과 환경에 따라 지도한다.

프로그램 기능과 효과

요일별 행복감 촉진 프로그램은 참여자들이 문장 암기를 어려워하지 않고 재치 있는 유머의 형식으로 받아들이며, 지도자의 지도에 참여자들이 따라 하면서 유발되는 웃음을 통해 정신건강에 긍정적인 영향을 미칠 것이다.

웃음 기법을 기반으로 하는 프로그램이 경로당을 이용하는 노인 참여자들의 인지수준에서 기존 생활 전에 비해 지남력을 증가시켰고 기억력도 증가시켰다.[3] 또한 웃음 기법을 활용할 때 우울증과 불안증이 감소하였고 정신 상태를 강화시켜 주는 효과를 보여 줬다.[4] 이런 면에서 요일별 행복감 촉진 프로그램은 우울감 감소를 넘어 행복감을 증진시키는 데 기여할 것이다.

요일별 행복감 촉진 프로그램 기능

1. 지남력 증가
2. 기억력 증가
3. 불안증 감소
4. 신체기능 강화
5. 정신장애 감소

4. 긍정언어를 활용한 행복 촉진 프로그램

긍정언어를 활용한 행복 촉진 프로그램은 참여사가 손쉽게 따라 할 수 있는 용어와 동작으로 지도자의 재치와 상황에 따라 웃음을 유발하고, 긍정적인 생각을 주입할 수 있는 프로그램이며, 현장에서 반응이 좋은 기법을 포함한 놀이다.

👥 인원

1~300명

👤 참여 대형

의자형, 책상형

준비물

상황에 따른 음향 장비

💡 목표

긍정적인 생각 향상 및 웃음 촉진

▶ 지도방법

① 지도자는 참여자에게 '가라' '와라' 두 단어를 소리를 내게 하고 동작을 보여
   준다.
② '가라' 동작은 양손을 가슴 앞으로 직각으로 편다.
③ '와라' 동작은 '가라' 동작에서 다시 가슴 쪽으로 팔을 접어서 가지고 온다.

④ 지도자가 긍정적인 단어를 말하면 '와라', 부정적인 단어를 말하면 '가라'라고 소리를 내고 동작을 한다.

⑤ 익숙해지면 사랑은 '와라', 미움은 '가라'와 같이 다양한 단어를 헷갈리게 하거나 말과 동작을 다르게 해도 웃음을 유발한다.

ⓘ 지도 tip

지도자의 스토리텔링 멘트가 매우 중요하다.

💬 리드멘트 예시

연세가 지긋해지시면 제일 무서워하시는 게 뭔지 아세요? (대답과 반응을 보고) 저승사자! 그래서 제가 여기 계신 분들, 건강하게 만수무강하시라고 저승사자가 도망가는 퇴치법을 알려 드릴게요. 저승사자가 오면 어떻게 해요? (대답과 반응을 보고) 따라서 해 보세요! '가라!' 사정없이 다시 한번 '가라!' 그러면 반대로 저승사자 말고 좋은 건 어떻게 할까요? (대답과 반응을 보고) 따라서 해 보세요! '와라!' 건강은? '와라!' 행복은 '와라!' 이렇게 좋은 것을 이야기하면 '와라', 안 좋은 것을 이야기하면 '가라'라고 하면 돼요. 아시겠죠? 제대로 해 볼게요. 잘생긴 남자는? '와라!' 집에 있는 아버지들이 서운하시겠어요. 사랑, 행복, 웃음, 젊음, 돈, 잘생긴 남자 등은 와라. 저승사자, 미움, 욕심, 시기 등은 가라.

✔ 주의할 점

스토리텔링이 가장 중요하기 때문에 이야기를 잘 구성해야 한다.

프로그램 기능과 효과

긍정언어를 활용한 행복 촉진 프로그램은 긍정적인 단어 표현과 부정적인 단어 표현을 말하면서 정신건강 증진과 긍정적인 에너지를 발산하는 기능을 한다.

긍정적인 웃음 요법은 요양시설에 거주하는 치매노인들의 부교감신경 활성도를 증가시키고 교감신경 활성도는 감소시켜 부정적인 생각과 우울을 감소시키는 효과가 있었다.[5] 이런 면에서 긍정언어를 활용한 행복 촉진 프로그램은 언어를 통한 행복감을 증진시키고 대인관계의 회복에도 기여할 것이다.

긍정언어를 활용한 행복 촉진 프로그램 기능

1. 부교감신경 활성도 증가
2. 교감신경 활성도 감소
3. 우울증상 감소
4. 대인관계 갈등 극복
5. 정신건강 회복

5. 박수를 통한 행복 촉진 프로그램

　박수를 통한 행복 촉진 프로그램은 혈액순환 및 신진대사를 촉진할 뿐 아니라 자아존중감을 향상시키고, 놀이로써 재미와 웃음을 유발하는 장점을 가지고 있으며, 개인의 행복과 구성원들의 집단 행복을 증강시키는 프로그램이다.

👥 인원

1～300명

👤 참여 대형

의자형, 책상형

🎒 준비물

상황에 따른 음향 장비

💡 목표

자아존중감 향상 및 행복감 증진

▷ 지도방법

① 여덟 글자의 긍정적인 문장과 박수가 결합된 놀이다.
② 한 글자를 말하고 박수를 치고, 순차적으로 문장과 함께 박수를 완성해 나
　간다.

나(짝!) 는(짝!) 정(짝!) 말(짝!) 아(짝!) 름(짝!) 답(짝!) 다(짝!)

나는(짝!짝!) 정말(짝!짝!) 아름(짝!짝!) 답다(짝!짝!)

나는 정말(짝!짝!짝!짝!) 아름답다(짝!짝!짝!짝!)

나는 정말 아름답다(짝!짝!짝!짝!짝!짝!짝!)

💡　지도 tip

여덟 글자의 긍정적인 문장을 다양하게 만들어 응용하면 좋다.

💬　리드멘트 예시

'나'를 아끼고 사랑해야 '남'을 이웃을 아끼고 사랑할 수 있다는 생각이 들어요. 이번 시간에는 내 자신이 가끔은 실수도 하고 몸도 서서히 아픈 거 같은 느낌이지만, 그래도 지금까지 잘 지내 온 내 자신에게 마법의 주문을 걸어 보는 시간을 가져 보겠습니다. 큰 목소리로 따라 해 보세요. 나는! 정말! 아름! 답다! 이번에는 박수를 치면서 할게요. 한 글자씩 크게 말하고 박수를 쳐 볼게요. 그다음에는 '나는' 두 글자씩 크게 말하고 박수를 쳐 볼게요.

✔　주의할 점

박수 치는 타이밍을 정확하게 알려 줘야 한다.

👍　프로그램 기능과 효과

박수를 통한 행복 촉진 프로그램은 구성원들 간의 신뢰관계를 쌓고 행복감을 증진시킴으로써 개인의 행복과 집단의 행복 그리고 구성원들의 소속감을 증진시키는 기능을 한다.

노인을 대상으로 하는 놀이 프로그램이 소원했던 관계를 해소시켰고, 관계 재형성을 통해 집단 구성원들과의 사회성 향상 효과가 있으며, 신체적 활동을 통해서

인지기능과 일상생활의 수행능력 향상 효과가 있었다.[7] 이런 면에서 박수를 통한
행복 촉진 프로그램은 개인의 수행능력 향상과 집단 구성원 간의 관계 형성에 의미
있게 기여할 것이다.

박수를 통한 행복 촉진 프로그램 기능

1. 자기표현의 욕구 증진
2. 자기안정의 욕구 증진
3. 감성 발산 및 정화 역할
4. 구성원들과의 사회성 관계 촉진
5. 심리적인 안정감 유지

6. 손동작을 활용한 행복 촉진 프로그램

손동작을 활용한 행복 촉진 프로그램은 손쉽게 따라 할 수 있는 손동작을 지도자가 알려 주고 참여자들을 칭찬하는 놀이로, 개인의 자아존중감과 집단의 긍정적인 분위기 형성 및 유대감 형성에 최적화된 프로그램이다.

👥 인원

2~300명

👥 참여 대형

의자형, 책상형

🎙 준비물

상황에 따른 음향 장비

💡 목표

대인관계 형성 및 집단과 개인의 유대감 형성

▶ 지도방법

① 오른손 엄지를 세워서 직각으로 뻗으면서 '굿', 반대편 왼손 엄지도 똑같이 하면서 '굿'이라고 한다.

② 양손 엄지를 세워서 직각으로 뻗은 상태로 양손을 동시에 두 바퀴 돌린다.

③ 돌리는 동시에 '베리 베리'라고 말을 한다.

④ 마지막은 양손 엄지를 세워서 직각으로 뻗으면서 '굿'이라고 마무리한다.

⑤ '굿! 굿! 베리 베리 굿!'이라고 약속된 언어와 동작을 하면서 상대방을 칭찬한다.

💡 지도 tip

상대방을 칭찬할 때는 다수의 참여자가 소수 1명의 참여자를 향해서 약속된 언어와 동작을 해 준다.

💬 리드멘트 예시

여러분, 옆에 있는 분들을 긍정적인 언어로 격려하고 칭찬해 볼게요. 제가 요즘 허리가 안 좋아서 걱정을 하고 있었는데 치료를 꾸준히 받아서 많이 좋아지고 있습니다. "굿! 굿! 베리 베리 굿!" 이렇게 말과 동작을 해 주시면 됩니다. 연습해 볼게요. 제 얼굴 어때요? 제 피부 어때요? 저 같은 사위 어때요?

✔ 주의할 점

멘트의 문장을 '굿! 굿! 베리 베리 굿!'이라는 문장과 어울리는 것으로 선정해야 한다.

👍 프로그램 기능과 효과

손동작을 활용한 행복 촉진 프로그램은 긍정적인 언어와 동작을 함으로써 집단의 분위기를 화기애애하게 조성하고, 끈끈하고 행복한 대인관계를 형성하며 대인관계를 통한 상호교류를 촉진하는 기능을 한다.

자기효능감이 높은 사람은 낮은 사람보다 긍정적인 정서 상태와 자아개념을 보유하고 있어 자신에게 주어지는 대부분의 자극을 긍정적인 성향으로 해결하려고 노력하고, 조직에서 노력을 투자하거나 새로운 과업을 찾기 위해 스스로 노력함으로써 이직 의도가 높지 않다는 것을 입증했다.[8] 또한 손동작 놀이 프로그램은 집중력과 주의력을 지속시키며 사회성 향상 효과가 있다.[9] 이런 면에서 손동작을 활용한 행복 촉진 프로그램은 긍정적인 정서를 갖게 하고 사회성 향상에 기여할 것이다.

 손동작을 활용한 행복 촉진 프로그램 기능

1. 집중력과 주의력 지속
2. 자기만족 향상
3. 자신감 상승
4. 직무 수행능력 증진
5. 대인관계 원할

7 '다'로 끝나는 '다'섯 가지 행복 언어 촉진 프로그램

   '다'로 끝나는 '다'섯 가지 행복 언어 촉진 프로그램은 일상생활에서 가장 많이 쓰이는 단어 중 '다'로 끝나는 '다'섯 가지 언어를 가지고 동작을 만들어 개인의 긍정적인 자아존중감 향상과 집단 구성원들의 행복한 관계를 촉진하는 프로그램이다.

👥 인원

1~300명

👤 참여 대형

의자형, 책상형

🎒 준비물

상황에 따른 음향 장비, 영상 장비 등

💡 목표

자아존중감 향상 및 집단 구성원 행복감 촉진

▶ 지도방법

① 지도자는 동작과 표정을 살리면서 참여자들에게 큰 목소리로 따라 하게 한다.

② 즐겁다. [동작] 얼굴로 가볍게 웃는다.

③ 잘한다. [동작] 오른손 엄지를 펼쳐서 뻗는다.

④ 해낸다. [동작] 양손 주먹을 불끈 쥔다.

⑤ 설렌다. [동작] 양손을 ×자로 교차하여 가슴에 올려놓는다.
⑥ 웃는다. [동작] 박수를 치면서 '하하하' 박장대소하면서 웃는다.

💡 지도 tip

'다'로 끝나는 세 글자의 다양한 단어를 응용해서 칠판을 이용하거나 프린트한 종이를 이용해서 글자를 보여 주며 같이 해도 효과적이다. 단어에 따른 동작을 지도자가 만들어도 좋다.

💬 리드멘트 예시

OECD 나라 231개국을 대상으로 '세상에서 가장 아름다운 영어 단어'를 선정했는데, 3위가 passion(열정), 2위가 smile(웃음), 1위가 mother(엄마)라고 해요. 그래서 이번 시간에는 제가 뽑은 대한민국에서 제일 아름다운 한글 베스트 5위를 알려드릴게요. 즐겁다, 잘한다, 해낸다, 설렌다, 웃는다. 다시 한 번 크게 시작! 이번에는 제 동작에 맞춰서 해 보겠습니다.

✔ 주의할 점

스토리텔링을 활용한 멘트가 반드시 들어가야 하고, 문장마다 뜻을 잘 설명해야 한다.

👍 프로그램 기능과 효과

'다'로 끝나는 '다'섯 가지 행복 언어 촉진 프로그램은 심신에 활력을 불어 넣어서 스스로가 보람과 행복을 느낄 수 있게 한다. 또한 놀이 기법을 통해서만 행복감을 느끼는 것이 아니라, 행복감이 담긴 언어를 통해서 긍정적인 분위기를 형성하고 관계를 촉진하는 기능을 한다.

　연극적인 기법을 활용하여 노인을 대상으로 한 집단 언어치료에서 의사소통 기능이 향상되고 몸짓을 통해 표현하는 빈도가 효과적으로 증가하였다.[10] '다'로 끝나는 '다'섯 가지 행복 언어 촉진 프로그램은 긍정적인 언어와 긍정적으로 구현되는 몸짓으로 집단 구성원들이 의사소통을 자유롭게 하고 관계를 촉진하는 데 기여할 것이다.

'다'로 끝나는 '다'섯 가지 행복 언어 촉진 프로그램 기능

1. 자아존중감 향상
2. 자신감 향상
3. 일상생활 활동능력 증진
4. 의사소통 능력 향상
5. 자기표현 능력 향상

8. 반복 언어를 통한 행복감 촉진 프로그램

반복 언어를 통한 행복감 촉진 프로그램은 긍정적인 영향을 끼치는 단어 한 가지를 소리꾼과 대중의 추임새와 같이 활용하는 놀이다. 프로그램 시작 전에 지도자와 참여자 사이에 추임새와 같은 단어를 통해 상호교류를 하면서 긍정적인 분위기 형성을 하는 프로그램이다.

👥 인원

1~300명

👥 참여 대형

의자형, 책상형

📋 준비물

상황에 따른 음향 장비

💡 목표

지도자와의 상호교류 및 긍정적인 분위기 형성

▶️ 지도방법

① 지도자는 참여자들에게 단어 하나를 정해 준다.
② 참여자는 지도자가 무슨 말을 해도 지도자가 정해 준 단어만 말을 하도록 한다.

⊙　지도 tip

재미있는 단어와 문장을 지도자가 미리 생각하면 좋다.

💬　리드멘트 예시

제가 무슨 말만 하면 '좋다'라고 해 주세요! 어르신들, 기분이 어떠세요? '좋다!' 제가 오니까 어떠세요? '좋다!' 제 옷 스타일은요? '좋다!' 아주 좋아요! 웃음은 건강에 어떨까요? '좋다!' 강사 중에 이렇게 멋지고 잘생긴 강사가 오니까 어떠세요? '좋다!' 그럼 본격적으로 시작해 볼까요? '좋다!'

✔　주의할 점

반복 언어는 한 글자나 두 글자 등 짧은 것으로 선정하는 것이 좋다.

👍　프로그램 기능과 효과

반복 언어를 통한 행복감 촉진 프로그램은 지도자가 참여자들과 웃음을 유발하기 위해 참여자들과 기법을 활용해 관계를 맺음으로써 참여자 개인의 스트레스를 해소시켜 주고 긍정적인 에너지를 발산하게 하는 기능을 한다.

우울한 노인에게 레크리에이션 프로그램을 통해 우울에서 긍정으로 바뀌는 변화를 보여 주었고, 표정·행동·태도에 긍정적인 변화의 효과를 보여 줬다.[11] 또한 언어를 가지고 하는 프로그램은 기억력을 향상시키며 의사소통을 원활하게 만드는 효과가 있었다.[12] 이런 면에서 반복 언어를 통한 행복감 촉진 프로그램은 긍정적인 정신건강 증진 및 소통 기능 향상에 기여할 것이다.

반복 언어를 통한 행복감 촉진 프로그램 기능

1. 긍정적인 생각 증진
2. 단어 암기력 향상
3. 딘어 사용 개수 증가
4. 단어의 의미 응용 가능
5. 단어를 통한 대화 향상

9. 풍선을 활용한 행복감 촉진 프로그램

풍선을 활용한 행복감 촉진 프로그램은 풍선이라는 도구를 '나의 얼굴'이라고 생각하고 가장 행복해하는 표정을 스티커로 붙여 만들면서 개인의 행복감 향상과 전체 구성원들의 행복감을 촉진하는 놀이다.[13]

👥 인원

2~300명

👤 참여 대형

의자형, 책상형

📙 준비물

상황에 따른 음향 장비, 풍선, 스티커

🎈 목표

긍정적인 정서 증가 및 행복감 촉진

⏱ 지도방법

① 지도자는 참여자들에게 풍선 1개와 풍선 색깔과 다른 스티커 2세트를 준다.
② 풍선을 얼굴 크기만큼 불게 하거나 미리 풍선을 불어 준비한다.
③ 풍선이 자신의 얼굴이라고 생각하고 스티커로 표정을 만들게 한다.
④ 스티커로 붙인 감정 풍선을 보고 '다섯 가지 행복 언어'를 가르쳐 준다.

⑤ 지도자는 다섯 가지 행복 언어를 외치게 한다.

1단계: 나는 기쁘다.
2단계: 나는 최고다.
3단계: 나는 예쁘다.
4단계: 나는 멋있다.
5단계: 나는 행복하다.

💡 **지도 tip**

반대로 우울했던 상황을 생각해서 스티커로 표정을 붙이게 하고 안 좋은 기억을 터뜨리게 해도 좋다.

💬 **리드멘트 예시**

세상에서 가장 소중한 금 세 가지가 있는데 어떤 게 있을까요? 제가 알려 드릴게요. 첫 번째는 잃어버린 맛을 찾아 주는 소금, 두 번째는 부자가 될 수 있는 황금, 그렇다면 마지막 금은 뭘까요? 지금? 땡! 거의 맞았는데 정답은 현금이래요. (참여자의 반응) 물론 돈이라는 뜻도 있지만 '현금'의 뜻은 '현재의 지금'이라고 해요. 그렇다면 질문 하나 드릴게요. 현재의 지금, 여러분은 행복하십니까? (참여자의 반응) 지금부터는 우리가 행복해지기 위한 작업을 할 거예요. 가장 행복한 순간을 떠올리면서 풍선이 얼굴이라고 생각하시고 스티커로 웃는 얼굴 표정을 행복하게 만들어 볼게요.

✔ **주의할 점**

스티커로 얼굴 표정을 붙이는 작업이 익숙하지 않은 참여자를 위해서 지도자는 샘플을 보여 주고 도와준다.

👍 **프로그램 기능과 효과**

풍선을 활용한 행복감 촉진 프로그램은 치료를 목표로 프로그램을 지도하는 것이 아니라, 참여자 스스로가 직면한 문제와 상황을 파악한 후 극복할 수 있도록 내재된 능력을 확장한다. 또한 참여자가 가지고 있는 문제를 풀거나 답을 주는 프로그램이 아니라, 문제를 풀 수 있게 동기와 의미를 만들어 주는 기능을 한다.

도구를 가지고 손을 활용한 프로그램이 자아존중감을 유지하고 사고를 자극시켜서 노인의 자부심과 성취감을 고양시켜 즐거웠던 생각들을 재생한 후, 억눌렀던 감정의 발산을 통해 우울을 감소시켰다. 또한 긍정적인 정서를 증가시켜서 창조적인 자기표현 효과를 보여 줬다.[14] 이런 면에서 풍선을 활용한 행복감 촉진 프로그램은 개인의 감정 발산, 우울증상 감소, 긍정적인 정신건강에 촉진제 역할을 할 것이다.

풍선을 활용한 행복감 촉진 프로그램 기능

1. 자신감 증진
2. 자기표현 능력 증진
3. 창의력 향상
4. 내재된 능력 발휘
5. 행복감 향상

⑩ 사랑표현을 통한 행복감 촉진 프로그램

사랑표현을 통한 행복감 촉진 프로그램은 음악 속 가사에 맞춰 손을 활용해 뇌 활동 증진과 손 감각 기능 증진 및 행복감을 촉진하는 활동으로서 현장에서 매우 반응이 좋으며, 분위기를 전환시키는 핵심적인 프로그램이다.[15]

👥 인원

1~300명

👤 참여 대형

의자형, 책상형

📱 준비물

상황에 따른 음향 장비, 4/4박자 신나는 음악

💡 목표

뇌 활동 증진, 손 감각 기능 증진, 감정표현 증진

◯ 지도방법

① 구령: 하나, 둘, 셋, 넷 [동작] 무릎 2회, 손뼉 2회
② 구령: 윙크하고 윙크하고 [동작] 오른쪽 눈으로 윙크, 왼쪽 눈으로 윙크
③ 구령: 하나, 둘, 셋, 넷 [동작] 무릎 2회, 손뼉 2회
④ 구령: 손하트 손하트 [동작] 양손으로 손하트 동작 좌우로 각 2번

⑤ 구령: 하나, 둘, 셋, 넷 [동작] 무릎 2회, 손뼉 2회

⑥ 구령: 사진 찍고 사진 찍고 [동작] 팔짱을 끼는 동작 좌우로 각 2번

⑦ 구령: 하나, 둘, 셋, 넷 [동작] 무릎 2회, 손뼉 2회

⑧ 구령: 쪽 바이 쪽 바이 [동작] 손을 좌우로 흔드는 동작 좌우로 각 2번

- 소극적 LOVE: 손가락으로 LOVE 영어 알파벳 동작을 따라 하게 한다.

   L: 양손의 엄지와 검지를 직각으로 펴서 'L' 자를 만든다.

   O: 양손의 엄지와 검지를 동그랗게 'O' 자를 만든다.

   V: 양손의 검지와 장지를 직각으로 펴서 'V' 자를 만든다.

   E: 양손의 검지와 장지와 약지 세 손가락을 펴서 'E' 자를 만든다.

- 적극적 LOVE: 양팔을 이용해 LOVE 영어 알파벳 동작을 따라 하게 한다.

   L: 오른팔은 위로 올리고 왼팔은 직각으로 옆으로 뻗는다.

   O: 양손으로 머리 위에 동그랗게 원을 만든다.

   V: 양팔을 '만세' 하듯이 45도 각도로 뻗는다.

   E: 양팔을 위로 올려 양쪽 귀에 뒤고 그대로 허리를 왼쪽으로 비스듬히 한다.

⊙ 지도 tip

숙달되면 사랑에 관한 노래를 부르며 동작들을 적절히 섞어 가며 진행한다. 〈사랑은 아무나 하나〉 또는 〈당신의 의미〉와 같은 노래가 좋다.

💬 리드멘트 예시

사람은 쉽게 안 변한다고 말을 하지만, '사람, 사랑으로 변해!'라고도 말을 한대요. 오늘은 다이아몬드보다 아름답고 사람도 변하게 만드는 사랑을 손으로 배워 볼게요. 물론 다이아몬드가 더 좋긴 해요. 그래도 오늘 힘차게 배워 볼게요.

✓ 주의할 점

지도자는 처음부터 끝까지 시범을 보인다. 가사 하나하나에 맞춰 동작을 알려 주고 느린 곡에서 빠른 곡까지 단계적으로 지도한다.

👍 프로그램 기능과 효과

사랑표현을 통한 행복감 촉진 프로그램은 개인의 신체적 · 정신적 · 정서적 · 사회적 기능을 회복시킨다.

뇌 활동 증진을 위한 손가락 운동 프로그램은 동작을 따라 하게 하면서 뇌 기능을 향상시키고, 청각 자극을 같이 병행해 활력을 주는 효과가 있다.[16] 음악을 활용한 놀이 프로그램은 청각적 자극과 두뇌 자극이 동시에 이루어져서 추억 속 옛날 노래 부르기를 따라 하면 지남력, 기억력, 이해 판단 능력에 효과적임을 입증했다.[17] 이런 면에서 사랑표현을 통한 행복감 촉진 프로그램은 기억 소환과 현실 적용을 통해 뇌 활동 증진과 손 기능을 향상시키는 동시에 정신적인 건강을 유지하는 데 기여할 것이다.

사랑표현을 통한 행복감 촉진 프로그램 기능

1. 청각 기능 향상
2. 무기력 상태 회복
3. 자기표현 능력 상승
4. 순간 기억력 증강
5. 긍정적 감정 발산

1) 웃음을 통해서 어떠한 효과를 보여 주는지에 대한 부분은 다음을 참고하라. 이광욱, 김홍록 (2009). 웃음활동 효과에 관한 담론. 한국사회체육학회지, 0(38), 99-107.

2) 웃음을 활용한 기법이 노인에게 미치는 영향은 다음 논문을 참고하라. 김애리(2010). 웃음치료가 시설노인의 우울, 자아존중감, 건강지각에 미치는 효과. *Journal of the Korean Data Analysis Society*, *12*(5), 2525-2539.

3) 웃음 기법을 기반으로 노인의 인지건강과 정신건강에 대하여는 다음 문헌을 참고하라. 이동호, 장재선(2017). 기능강화 웃음치료가 노인의 인지 및 정신건강에 미치는 영향. 한국보건복지융합연구(구 노인의료복지연구), 9(2), 33-47.

4) 웃음 기법을 기반으로 정신건강 및 자기존중감에 대한 효과는 다음을 참조하라. 남병웅 (2014). 웃음치료 프로그램이 노인의 정신건강 및 자기존중감에 미치는 효과. 대구한의대학교 대학원 박사학위논문.

5) 채경숙(2015). 요양시설에 거주하는 치매노인을 위한 웃음요법과 음악요법이 우울과 자율신경활성도에 미치는 영향. *Journal of Korean Biological Nursing Science*, *17*(3), 245-252.

6) 노인을 대상으로 놀이 프로그램을 통한 효과성 연구는 다음 논문을 참고하라. 전남희 (2019). 노인 대상 치매예방 놀이 프로그램의 효과성 검증을 위한 사례 연구. 경기대학교 대학원 박사학위논문.

7) 신체활동이 미치는 효과에 대한 연구는 다음을 참조하라. 이윤정, 김신미(2003). 신체적 활동프로그램이 치매노인의 인지기능 및 일상생활 수행능력에 미치는 효과. 한국노년학, 23(4), 17-31.

8) 자기효능감을 통한 칭찬에 대한 효과성 연구는 다음을 참고하라. 최수형(2016). 칭찬이 종업원의 직무만족과 이직의도에 미치는 영향: 자기효능감을 매개효과로. 전문경영인연구, 19(1), 1-25.

9) 놀이 프로그램을 통한 다양한 효과성 연구는 다음을 참조하라. 정민영, 박천규, 손명동 (2010). 오감 자극 노인성 치매 예방 프로그램. 한국콘텐츠학회 종합학술대회 논문집. pp. 594-600.

10) 이선영, 임다연, 배희숙(2018). 치매 위험군 노인 대상 집단 언어치료 프로그램 개발을 위한 예비연구. 연극예술치료연구, 9, 121-139.

11) 레크리에이션을 통한 노인의 우울감 변화에 대한 연구는 다음을 참조하라. 김현나(2015). 치료레크리에이션이 노인의 우울감 변화에 미치는 영향. 한국여가레크리에이션학회지, 39(1), 112-124.

12) 신문을 활용한 단어 표현 프로그램에 대한 연구는 다음의 논문을 참고하라. 이성호, 강수균, 손온남(2007). 신문을 활용한 회상 프로그램이 알츠하이머형 치매인의 언어이해력에 미치는 효과. 언어치료연구, 16(1), 55-73.

13) 풍선을 활용한 행복감 촉진 프로그램의 아이디어는 다음 책의 '아트 힐링 풍선'을 참고했다. 김순애, 노승주(2016). 아트힐링 퍼포먼스. 서울: 책나무. p. 20.

14) 다양한 레크리에이션 프로그램을 통해 오감을 자극해서 효과를 보여 주는 연구는 다음을 참조하라. 정민영, 박천규, 손명동(2010). 오감 자극 노인성 치매 예방 프로그램. 한국콘텐츠학회 종합학술대회 논문집. pp. 594-600.

15) 사랑표현을 통한 행복감 촉진 프로그램의 아이디어는 다음 책의 '싱어롱 프로그램'을 확대·적용하였다. 조민구, 이재선, 주정호(2008). (다이내믹) 레크리에이션. 서울: 대경북스. pp. 85-87.

16) 손가락 운동에 대한 연구는 다음을 참고하였다. 김유식, 안재용, 이석, 도영채(2018). 노인의 뇌활동 증진을 위한 손가락 운동용 블록 디자인 연구. 한국디자인학회 학술발표대회 논문집. pp. 238-239.

17) 음악 놀이 프로그램을 통한 효과 연구는 다음을 참고하라. 양혜경(2006). 음악을 활용한 치료레크리에이션이 치매노인의 인지기능에 미치는 효과. 한국노년학, 26(4), 749-765.

저자 소개

이호선(李湖仙, Hosun Lee)
현재 숭실사이버대학교 기독교상담복지학과 학과장이자 한국노인상담센터장이다. 가족과 노인에 대한 연구를 지속하고 있으며, 저서로는 『나이 들수록 머리가 좋아지는 법』(홍성사, 2020), 『가족습관』(북코리아, 2019), 『늙음에 미치다』(북코리아, 2019), 『나도 편하게 살고 싶다』(미호, 2015), 『부모도 사랑받고 싶다』(프롬북스, 2015), 『노인복지상담』(공저, 공동체, 2013), 『노인상담』(2판, 학지사, 2012), 『은퇴수업』(공저, 학지사, 2012), 『노인상담론』(개정판, 공저, 공동체, 2011), 『노화와 영성』(북코리아, 2011), 『노인과 노화』(시그마프레스, 2010), 『세계의 노인교육』(공저, 학지사, 2006) 등이 있다. 〈세상을 바꾸는 시간 15분〉의 최다 강연자이기도 하며, MBC, KBS, SBS 등 지상파채널과 종합편성채널의 방송 프로그램 및 다수의 라디오 방송에서 상담전문가로 활동하고 있다.

조래훈(趙來勳, Rae Hoon Jo)
현재 서일대학교 레저스포츠학과 레크리에이션 전공 강사이다. 서일대학교 레크리에이션학과를 졸업하고, 중앙대학교 예술대학원 공연영상학과에서 석사를 수료하였다. KBS 31기 공채 코미디언이며, 〈KBS 개그콘서트〉에 출연했고, 〈CBS 올포원〉 〈GOODTV 노크토크〉 〈CGNTV 고향교회 패밀리〉 〈국방FM 조갑경의 오늘도 좋은 날〉 〈국악FM 김필원의 맛있는 라디오〉에서 패널로 활동 중이다. 제28회 전국레크리에이션대회 레크·뉴스포츠 부문 문화체육관광부장관 대상을 수상하였고, 한국실버레크리에이션교육원과 한국치매예방교육협회 프로그램의 연구 위원이다.

액티브 시니어를 위한 레크리에이션
Theory and Practice of Recreation for Active Seniors

2020년 9월 15일 1판 1쇄 인쇄
2020년 9월 25일 1판 1쇄 발행

지은이 • 이호선 · 조래훈
펴낸이 • 김진환
펴낸곳 • (주) 학지사
　　　　　04031 서울특별시 마포구 양화로 15길 20 마인드월드빌딩
대표전화 • 02)330-5114　　　팩스 02)324-2345
등록번호 • 제313-2006-000265호

홈페이지 • http://www.hakjisa.co.kr
페이스북 • https://www.facebook.com/hakjisa

ISBN 978-89-997-2196-0 93180

정가 16,000원

이 도서의 국립중앙도서관 출판시도서목록(CIP)은 서지정보유통지
원시스템 홈페이지(http://seoji.nl.go.kr)와 국가자료공동목록시스템
(http://www.nl.go.kr/kolisnet)에서 이용하실 수 있습니다.
(CIP 제어번호: CIP2020036161)

출판 · 교육 · 미디어기업 **학지사**
간호보건의학출판 **학지사메디컬** www.hakjisamd.co.kr
심리검사연구소 **인싸이트** www.inpsyt.co.kr
학술논문서비스 **뉴논문** www.newnonmun.com
원격교육연수원 **카운피아** www.counpia.com